素描・杉原千畝

小谷野裕子

春風社

素描・杉原千畝

故杉原千畝氏は一九〇〇年に日本に生まれ、早稲田大学在学中の一九一九年に日本国外務省の留学生試験に合格してハルビン学院に学び、その後外交官になった。一九四〇年駐リトアニア共和国領事代理の時代に、身辺に迫る戦争の危機の中にありながら、必死の覚悟と信念を以て、亡命ユダヤ人約六〇〇〇名に対して一か月にわたって査証を発給し続け、彼らの生命を救った。これは戦争時における輝かしい人道行為として歴史に記憶され、永く語り継がれるべきものである。

早稲田大学建立　杉原千畝記念碑の銘文より
（所在地　リトアニア共和国ヴィリニュス市）

目次

はじめに

今では広く知られているが、杉原千畝（一九〇〇〜一九八六）は、第二次世界大戦勃発の翌年、領事代理として赴任していたリトアニアの日本領事館で、ナチの迫害から逃れようと押しかけたユダヤ避難民に外務省の訓令に背いて日本通過ビザを出し、彼らのヨーロッパ脱出を助けた外交官である。私は一九八六年七月三一日、杉原千畝逝去のニュースで初めてその人の名前と行いを知った。本書は、杉原千畝の人生に関心を抱き、その実像を追って旅に出、取材を重ね、彼の八六年の生涯を想い描いて綴ったものである。

杉原の功績が日本社会に知れ渡る過程を見て来た二〇〇二年春、岐阜県八百津《やおつ》町の杉原千畝記念館で本人によるビザ発給の証言テープが公開された。杉原の「声」を聴いた私は、一九四〇年夏カウナスの丘で杉原が下した決断と、彼の言葉を待ったユダヤ避難民の縋《すが》る思いに触れたような気がして、それまでの想いを「彼らも聴いたその声」（『金色の瞑想』より）

と題して小文を書いた。本書では、「希望の声」と題を改め、文章を数行添削し、写真を加えて「前篇」とした。その後、私は杉原千畝研究会をはじめとして、研究者各位、早稲田大学関係者の方々、八百津町役場の皆様、そして杉原を誇りに思い、懐かしく思い出すことのできる諸先輩と出会う機会を得た。示唆に富む話を聞かせていただき、多くのことを教えていただいた方々に心よりお礼申し上げる。さらに、私は杉原千畝研究会主催の「杉原千畝の足跡を訪ねる旅」に参加し、国の内外のゆかりの地へも足を運んだ。旅を通して感じられた杉原の時代と空気、そして遺された手記や手紙ににじむ彼の真っ当さに魅了され「続き」を書くにいたった。「続き」を「後篇」として、「前篇」と併せて本書に収めた。なお、表紙および本文中の写真掲載を快く承諾していただいた方々に深くお礼申し上げる。写真のキャプションに提供者名、撮影者名のないものは全て著者が撮影した。

今回、原稿の仕上げを促して下さった春風社営業部長の石橋幸子さん、本の完成まで辛抱強くつきあって下さった編集部の横山奈央さん、お世話になった同社の皆さんには感謝の気持ちでいっぱいである。

二〇一七年春　　著者

前篇　—希望の声—（一九八六～二〇〇二）

訃報

私が「杉原千畝」という人の名前を知ったのは、一九八六年の夏である。銀行員だった夫のニューヨーク勤務で、私たち家族はニュージャージー州に住んで二年目を過ごしていた。日本からのテレビニュースで杉原氏の訃報を聞いたのである。一九三九年から一九四〇年にかけてリトアニアで領事代理を務めた杉原千畝は、外務省に背いてビザを発給し六〇〇〇人のユダヤ難民を救った。彼は七月三一日に亡くなり八六歳だった。杉原の行為はイスラエル政府には高く評価されたが、日本では一般に知られないままだったという。第二次世界大戦中、政府に背いてそんなに多くのユダヤ人を、一体どうやって助けることができたのだろう？　なぜこの人が生きている間日本で話題にならなかったのだろう？　私は杉原千畝について何も知らなかったが、彼の行為は深く心に刻まれた。とりわけ彼が日本人だったということで。

アメリカに引越して来て以来、現地のメディアでは日本のイメージがすこぶる悪いことに気がついていた。毎日のように接する陽気で優しい人々と、攻撃的なメディアの論評との違いはしばしば私を混乱させた。戦争が終わって四〇年が過ぎても、メディアで報じられる日本人は依然として野蛮で残酷のようだった。これらの嫌なイメージは八〇年代後半の日米経済摩擦がアメリカ人を苛立たせていたからだと知ってはいたが、戦時中のプロパガンダも大きな要因になっていたようだった。アメリカ人がいつも正しく、日本人がいつも悪いという含みのある批判は受け入れ難いものに感じられた。杉原千畝を知ったのはそういう時であった。気分が一新された。テレビ映像で見たその人は、知的な顔立ちと、きちんとした装いの外交官であり、アメリカのメディアが描きたがる醜い日本人とはかけ離れていた。第一ニューヨークには大勢のユダヤ人が住んでいた。戦時中の六〇〇〇人のユダヤ難民救出は、日本の悪口を書くジャーナリストでさえ黙らせてしまうほどの偉業である。杉原の後半生がなんだか悲劇的であることも同情したくなる。こうして、日増しに高まるジャパン・バッシングの風潮の中で、杉原千畝は私の心に住みつき私を支えた。

触発

しかし、私たち家族が帰国して三年も経った冬、私は杉原についてそのような捉え方をしたことを恥じることになる。ジャパン・タイムズ紙で見つけた記事[*1]に、一九四〇年に「杉原ビザ」で助けられたシルビア・スモーラーという名前の女性が、そのビザを杉原の生地、岐阜県八百津《やおつ》町に寄贈したと書かれていた。杉原のサインのあるビザの寄贈は同町にとっても初めてのものである。現在ニューヨークの医科大学の教授であるスモーラーさんは一九四〇年ナチの迫害の手を逃れ、両親とともにポーランドからリトアニアに逃れ、日本経由でアメリカに移住した。八百津町長の荒井正義氏にビザを渡しながら、スモーラーさんは「私が今日生きているのは、杉原さんの勇気のおかげなのです」と語ったとある。

この記事を読んでまず思い浮かべたのは、スモーラーさんの両親が、彼らの長く苦しい旅の果てにアメリカに受け入れられた時の安堵感である。私自身も生後八か月だったとはいえ、一九四七年に両親に連れられ兄姉とともに中国大連から引き揚げている。引き揚げ船から長崎の緑の山々が見えた時の感慨や、佐世保港に降り立った時の解放感については母から何度も聞いていた。事情も時代も異なるけれど、彼らユダヤ難民がアメリカで暮らしていく機会を得るために経験した苦労がわかるような気がした。杉原の問題は、私の個人的な感情のみで考えるレベルのことではなかった。戦争、難民、そして日本社会をも考慮しなければならなかった。それなのに、一九八六年に杉原の訃報を聞いて以来、関心が薄れたわけではなかったが、彼について詳しく調べたわけでもなかった。だが、もう日本に帰っているのだ。

重要な公の出来事である。日本にいてこそ、よりわかるようになるだろう。杉原千畝を通して戦争について考えよう。そしてユダヤ難民の辿った苦しみを想像してみよう。また今日の人々がこの出来事に対してどのように反応するのかも知りたかった。それに、あるいは無理であるかもしれないが、杉原が人生の岐路に立った時どう感じていたのかを一番よく知りたかった。私の思い描ける第二次世界大戦の戦場のイメージは、アジア太平洋地域からヨーロッパ大陸へと一気に広がった。

ビザ発給

杉原千畝の妻、幸子さんの著作 *Visas for Life*[*2] によると、夫千畝は一九〇〇年一月一日、母方の里である岐阜県加茂郡八百津町で生まれている。一九一九年、早稲田大学在学中に外務省留学生試験に合格、早稲田大学を中退し、外務省ロシア語学生として満州のハルビンに渡る。一九二〇年、志願兵として一年入営する。一九二三年日露協会学校（ハルビン学院）特修科を卒業、以後一九三九年リトアニアの領事代理になるまで、外務省書記生として満州里、ハルビンに在勤、学院講師、満州国政府外交部組織事務従事、副領事、北満鉄道買収交渉満州国全権団書記官、ヘルシンキ公使館通訳官などを歴任し、一九四〇年、リトアニア領事代理として、ポーランドから逃げてきたユダヤ難民にビザを発給している。

幸子さんの本（*Visas for Life*）には、一九四〇年七月一八日の明け方、日本領事館の門に群がりビザを乞うユダヤ難民に、夫、千畝が外交官として、また人間として、どんなに誠意を尽くしてビザを出すことにしたかが書かれている。日本とドイツの間には一九三六年に結ばれた日独防共協定があった。杉原の良心は、ナチの迫害から逃れてきた難民を前にして厳しく試されたのである。東京からは「ユダヤ避難民といえども渡航条件不備な者には通過ビザを発給してはならぬ」[*3]という通達があった。苦悶、熟考の末、ビザ発給を決意した杉原は、念入りにソ連領事館と交渉をする。大勢の難民を、ソ連領内を無事に通過させるためである。難民はシベリアを列車で通り、ウラジオストクから日本の敦賀港まで船に乗る。ソ連側は法外な値段を要求した[*4]。七月二九日、杉原は多量のビザを発給しはじめる。しかし八月二日、日本領事館を閉鎖しベルリンへの退去命令が出る。八月三日ソ連がリトアニアを併合する。だが杉原は寝食を削り、領事館でビザを発給し続ける。八月二八日、杉原はスタッフ、家族とともにカウナスのホテル・メトロポリスに移動する。ホテルのロビーにまで押し寄せる難民にも渡航証明書を出した。九月五日、難民は最後の望みを託して、カウナス駅のプラットホームまで来た。手を差し伸べてサインを求める人々に、杉原はベルリン行きの汽車の窓から身をのり出して書いたそうである。発車時刻が来て動き出す列車から杉原は、手元に残った白紙の証明書を難民に投げ渡した。

それから半世紀以上も経った現在、私たちは、生存する人々の証言で、杉原の手書きの許可証や白紙の用紙が役に立ち、さらに多くの難民が助かったことを知ることができる。彼らが「杉原を忘れない。きっと会う」と約束したことが守られたことも知っている。それにもかかわらず、汽車が出た後のカウナス駅の光景を想像しただけでも胸が絞られる思いがする。私は、杉原の文字のない白い紙が風に舞い、絶望の淵に立ちすくむ人々の前で線路に散っていく様子を痛ましく思い描いてしまう。

一九四〇年九月、杉原はベルリンからチェコに（在プラハ）総領事代理として赴任する。一九四一年三月ドイツ東プロイセン州（在ケーニヒスベルク）の総領事代理として赴任、そして一二月ルーマニア公使館に勤務する。一九四五年、日本の降伏で杉原一家はルーマニアの収容所に囚われる。一九四六年ルーマニアを発ちシベリア鉄道でナホトカへ移動する。船を待ち一九四七年四月、ウラジオストクから大連を経由して日本へ戻る。六月、外務省は杉原を罷免する。以後杉原は、一九六〇年にモスクワの商社で働きはじめるまで、職を転々とする。その間杉原の成し遂げたことなどに関心を寄せる人はいなかったようだ。

沈黙

一九九〇年にアメリカから帰国して、私は、日本では杉原千畝のことは一般には知られていないことに気づくようになった。さらに、杉原に関心を持つ人でさえ、詳しい事情を知ったのは比較的最近ということのようだった。主な理由は、杉原を知る人が戦後そのことに触れないようにしてきたからだろう。だが、なぜだろう? まず考えられることは、杉原に助けられた大勢のユダヤ難民たちは、日本に短期間滞在した後、通過ビザで日本を去っている。また、杉原を罷免した外務省はそのことに触れたがらない。占領下で大量の解雇があったから杉原もその一人とされた、戦時中の政府に反抗したなどの事情からのようである。それに一つの例外を除いて、杉原本人も人に話さなかった。その例外とは、彼が、東京のイスラエル大使館に行って難民たちの無事を確かめようとしたことである。その時杉原は、もし彼らが生きているとわかったら知らせてほしい、と自分の住所を大使館に残している。杉原のことが広まらなかったさらなる理由に、ほとんどの日本人が焼け出され、焼け跡で過酷な生活を強いられていた占領期という「時」が挙げられると思う。もし、誰か杉原の信奉者がいたとして、勇気を出して焼け跡のがれきの上に立ち、遠いヨーロッパで起きたことを熱く語ったとする。だがその話を聴いても食料が手に入るわけではないと知るや、聴衆はおそらく、違法集会を取り締まろうと占領軍がジープで駆けつける前に、蜘蛛の子を散らすようにいなくなっただろう。全て戦争が引き起こしたことではあるが、杉原の人間性の感動を市井の人々が共有するには、まだ「時」が混乱しすぎていたのだと思う。

顕彰

しかし、一九六八年、沈黙は破られる。杉原ビザで救済され、杉原の行方を探していた人がイスラエル大使館の参事官として東京に赴任し、杉原が残した住所を見つけた。一九四〇年カウナスの日本領事館に押し寄せた、ユダヤ難民を代表して状況を説明した五人のうちの一人だったエホシュア・ニシュリ氏が、たまたまモスクワの商社から帰宅していた杉原に再会した。妻、幸子さんは、この劇的ともいえる再会の時でさえ、杉原は、ビザを発給したために外務省をやめさせられたことは話さなかった、と著作（*Visas for Life*）に書いている。ニシュリとの再会から杉原の消息はイスラエルに伝えられた。やがて杉原はイスラエルに招待され、イスラエル政府から勲章を受けることになる。この時、一九四〇年のカウナスで、やはり五人の代表者の責任者だったゾラフ・バルハフティク宗教大臣は、初めて杉原が国命に背いてビザを出し、戦後外務省を辞職させられたことを知った。杉原もついに事実を話さざるを得なくなったのだろう。その後バルハフティク氏の推薦により、一九八五年、他界する一年前に、杉原はイスラエル政府より第二次世界大戦中に自らの生命の危険をも顧みずユダヤ人を救出した異邦人に与えられる「諸国民の中の正義の人賞（ヤド・バシェム賞）」を受賞する。長い歴史を通じて受けた迫害の苦しみのゆえに、救出者には誠意と用意周到さで応じようとするユダヤ人の高潔さには感心する。杉原の死後もなお、杉原の功績に対して栄誉の顕彰は続けられている。

名誉の回復

振り返って日本での状況はどうだろう？　立場の違いはあるが、あまりにも鈍感であるという印象を受ける。ジャパン・タイムズ紙*5は、一九九一年、太平洋戦争が始まった五〇周年目の記念が近づくので、外務省はようやく戦時中の二つの議論を覆した、と報じた。一つは、杉原千畝の名前を復活させたこと、もう一つは、真珠湾宣戦布告に失敗したことを認めたことである。とくに杉原に関しては、最近ソ連（ロシア）から独立したリトアニアに領事館を開くにあたり、体裁を整えたようだ。一九九二年、日本政府はようやく議会で杉原のことを議題に挙げ、宮澤喜一首相（一九一九〜二〇〇七）が杉原の勇気を讃えた。同胞からのこの遅れた承認は、この潔い人の善行をゼロから学ぶ機会を私たちに与えた。杉原は日本社会にどう影響していくのか？　私は杉原千畝について新しいことがわかるたびに大いなる関心を寄せた。

エピソード

ある日のこと、舞台美術家の妹尾河童が一九九七年に出した『少年H』[*6]を読んでいて、「杉原ビザ」の受給者が神戸に無事に着いたととれる記述を見つけた。何だかどきどきした。『少年H』には、著者の妹尾氏が子供時代を過ごした戦時中の神戸の様子が書かれていて、一九九九年には英訳され、*A Boy Called H*[*7]というタイトルで出版されている。この本は世界の子供たちも戦争に巻き込まれたことを改めて気づかせてくれた。例えば、「アンネの日記」で有名なアンネ・フランクがアムステルダムの隠れ家の屋根裏部屋で日記を綴っていた頃、そして、私を触発した新聞記事の主人公、シルビア・スモーラー女史が「杉原ビザ」を携行する両親や大勢のユダヤ人の仲間と日本を経由してアメリカに向かっていた頃、妹尾氏は日本の神戸で少年時代を生き抜いていた。

彼の著書に、神戸で洋服の仕立て屋をしていた父親が、一九四一年の六月、神戸在住のユダヤ人の顧客からユダヤ難民の服の修繕を頼まれた時のことが書いてある。その頃一一歳になろうとしていた著者は、父親が持ち帰った、汚れて破れた一抱えのユダヤ難民の服がひどく臭ったと記憶している。服の持ち主は、ポーランドからシベリア鉄道でウラジオストクを経て神戸にやって来たユダヤ人であると妹尾氏の父親は言っている。時期から察しても、彼らはおそらく「杉原ビザ」を持った末期の難民たちだろうと思う。彼らはポーランドに侵攻したナチの手を逃れ、リトアニアの日本領事館でようやく日本通過ビザを得て、シベリア鉄道では列車が停まれば拉致、強奪などに見舞われ、ウラジオストクから船で日本海を渡り、福井県敦賀に上陸し、列車で神戸まで移動して来た。彼らの衣服には、長い苦難の旅で経験した恐怖と屈辱と怒りと疲弊から、涙や汗や汚れが強烈な臭いとなって染みついていたに違いない。

妹尾少年のこの「臭い」の記憶は、戦後幼い私が恐怖に凍りつきながら記憶した光景に重なる。父の実家のあった佐賀県で育った私が見た、腐って血膿の滴《したた》る足を引きずった長崎の被爆者の乞食の姿と臭いである。年月が経ってもなお人を蝕み続ける原爆の怖さの記憶である。妹尾河童は『少年H』に、父親が神戸のユダヤ協会に繕った服を届けたら、そこにいた五三人ものユダヤ人がとても喜んだ、と書いている。ちなみに、杉原千畝は総領事代理として、ドイツのケーニヒスベルクにいた頃である。彼は難民のその後を気遣っていただろう。

さらに、『歴史街道』二〇〇一年三月号の「杉原千畝特集」記事にある、外務省外交史料館外務事務官（当時）の白石仁章氏が紹介する、敦賀市教育史編纂委員の井上脩氏の話に興味を抱いた。敦賀市の大内町にあった「朝日屋」という銭湯が、上陸したばかりで疲れ汚れたユダヤ難民に銭湯を開放し無料で風呂に入れてあげたというエピソードである。敦賀港はカーブを描く深い入り湾の奥にある。当地を訪れ、難民の上陸したあたりとされる埠頭に立ってみると、全方位を緑の山々に囲まれた気がする。ナチの手を完全に逃れた彼らの安堵感が想像できる。昔から大陸との交易で栄えた敦賀は、一九一二年にはシベリア鉄道を経由する欧亜国際列車の日本側入り口になっており、異国情緒漂う街だったと聞く。戦時中とはいえ、難民たちは差別のまなざしで見られることもなかった。*8 彼らの子孫が時折敦賀を訪ねて来ることなどからも、市民の親切は難民の間で語り継がれているようだ。白石氏はさらに、朝日屋が一九一七年のロシア革命の後にも、シベリアから逃れたポーランド人孤児たち*9

を風呂に入れてあげたことを紹介している。

一九四五年三月一七日、爆撃機B29は神戸の市街地を空爆する。妹尾一家も焼け出される。同年七月一二日から一三日へかけての深夜、敦賀もまた空襲を受ける。市街地は破壊され朝日屋も灰燼に帰した。これらのことは戦争がいかにばかげたことかを物語る。しかし、非常時にしかも危険な時に、目の前の弱い立場に置かれた人々に助けの手を差し伸べた同胞市民の存在は、私に人間としての希望を与えてくれる。私は杉原の遅れた承認ゆえに初めから学べると思った。だが杉原はその人となりが公になるずっと以前から、日本社会に影響を及ぼしていた。

救われた人の数

杉原は六〇〇〇人のユダヤ難民を救ったといわれているが、その数字は今日でも概算にすぎないようだ。杉原千畝研究会代表であり大正出版社長でもある渡辺勝正氏は著書『真相・杉原ビザ』で六〇〇〇人が正しいだろうとされる理由を説明している。日付が一九四〇年七月九日から一九四〇年八月二六日までとなっている外務省外交史料館にある杉原リストには、二一三九人の名前が載っている。ビザは各家族に発給されている。渡辺氏は当時の大阪朝日新聞[*10]の「一〇月九日七時三〇分敦賀港へ入った欧亜連絡船で杉原ビザを持った一三六人の避難民が上陸」という記事、また大阪毎日新聞[*11]の「一九四一年二月六日までには五五〇〇人に膨れ上がっている」という記事も引用している。

杉原幸子著の *Visas for Life* には、一九三九年からリトアニアで同胞のユダヤ人たちを救援する活動に取り組み、後に日本に住み着いたジョセフ・シムキン氏が一九四一年六月敦賀港に着いたが、それが最後の船だったと語る場面がある。シムキン氏は杉原がリトアニアを去った後、カウナスに逃げて来た同胞のために日本領事館印をゴムで偽造しビザを作り、百数十人を救ったとも話している。さらに、一九九五年一一月二一日付けの、ヘザー・ハーラン報告のジャパン・タイムズ紙の記事によると、「外交史料館のリストには二一三九人分の名前が記載されているが、ホロコースト研究者は、杉原はソ連が日本領事館を閉鎖する前の八月中に一万人位のユダヤ人を救っているかもしれないとみている」とある。

現時点でさえ、私は、できるだけ多くの人がホロコーストから逃れられたことを望んでいる。しかし、先述の『真相・杉原ビザ』で渡辺勝正氏は、六〇〇〇人というのは妥当な線だと思われるとしながらも、「敦賀上陸避難民に関し、信頼できる正確な統計資料は見つからない」と慎重である。

一般に、日本人は第二次世界大戦中のアジア太平洋地域における行き過ぎた行為により、また敗戦国の国民として、戦後長い間国際社会での振る舞いが適切に評価されないという状況に直面してきた。しかし、杉原の件では例外である。「杉原ビザ」で敦賀に上陸し神戸、横浜の港から世界に散った元難民そしてその子孫から敬意を表されている。アメリカにいた頃に日本人というだけで注がれた、何ともいえない慈しみと尊敬のまなざしを今思い出している。杉原と、親切だった普通の日本人がいたからだったのだと今しみじみ思う。その意味で杉原は多くの同胞をも救ったのである。

生誕一〇〇年祭

二〇〇〇年という年は杉原千畝の生誕一〇〇年にあたり、日本では杉原の名前がしばしば話題に上った。マスコミによる報道も盛んになりはじめた。七月三〇日、杉原の生地、岐阜県八百津町の人道の丘公園に杉原記念館がオープンし、記念館の近くに彼の母校である早稲田大学が顕彰碑を建てた。八月七日には「親切のはかりごと」という題の杉原についてのドキュメンタリー映画が、ハリウッド・フィルム・フェスティバルでベスト・ドキュメンタリー賞を受ける。一〇月一〇日には、外務大臣河野洋平が外務省外交史料館で杉原の顕彰プレートの除幕式を行い、杉原の遺族親族に謝罪した。胸のすく思いだった。

杉原生誕一〇〇年の祝典はもっとある。一二月一四日午後、彼の母校早稲田大学で杉原千畝顕彰記念講演会が開かれた。私は早稲田大学の卒業生である夫とともに話を聴きに行った。ゲスト・スピーカーとして、アメリカからはアブラハム・クーパー氏、サムイル・マンスキー氏、日本側は渡辺勝正氏、杉原幸子さんらが招かれていた。クーパー氏の挨拶の後、マンスキー氏は妻とともに舞台に上がった。マンスキー氏は、日本政府もまたユダヤ人を追い返すようなことをせず受け入れたことや、約二か月半の間神戸で過ごしたが、日本人は自分たち難民に対してとても親切だったと話した。現在、彼の子孫もドクターや大学教授になり幸せに暮らしており、「命のビザ」のおかげであると、マンスキー氏は時折壇上に控える彼の妻にも誘いかけながら、杉原への謝意を何度も口にした。マンスキー氏の顔を見、声を聞いて、私の杉原に関する認識は現実のものとなった。幸子さんは、杉原千畝が早稲田に入ったのは英語の教師になるためだった*12と穏やかな口調で語った。杉原は早稲田の学生だった頃、インクの小瓶に紐をつけて耳にかけて登校し級友たちを笑わせたが、彼は平気で、これは便利だよ、いつでもどこででも書けるからと言ったそうだ。杉原は、おおらかな性格の持ち主だったようである。

「杉原が賄賂を受け取ってビザを出した」という噂を打ち消す渡辺勝正氏のスピーチは圧巻だった。私も悪意に満ちた批判を雑誌の見出しなどで見かけて不愉快に思ったことがあった。渡辺さんは一九九八年五月二五日イスラエルに出向き、元宗教大臣ゾラフ・バルハフティク氏を訪ね、「杉原ビザとユダヤの金」[*13]について録音した証言を我々聴衆に公開した。バルハフティク氏は、一九四〇年カウナスの日本領事館に押しかけたユダヤ難民を代表して、杉原に日本通過ビザ発給の交渉をした五人のうちのただ一人の生存者である。早稲田大学の大隈講堂を埋め尽くした学生、卒業生、職員、その他の聴衆は、ヘブライ語の通訳つきで、バルハフティク氏の証言を聴いた。

それは要約すると、「私たち難民はみんな杉原さんが日本政府の許可を得てビザを発給していると思っていた。一九六九年に杉原さんとイスラエルで再会し、事実を知って驚いた。だから、規定のビザ代[*14]以上のお金を支払う必要などなかった。それに、私たちは大金など持っていなかった」というものだった。講演者、聴衆ともに杉原の高潔さをわかち合うことができ、会場は嵐のような拍手に包まれた。最後に幸子さんを中心にして早稲田大学校歌「都の西北」を合唱した。講堂のドアが開かれ、杉原千畝を讃える熱い空気は初冬の早稲田の街に広がっていった。

八百津の記念館

一二月二〇日、夫と私は杉原の生地、岐阜県八百津町にある杉原記念館を訪ねた。この年の夏開館した二階建ての記念館には、既に二万人の来館者があったそうだ。年の瀬である。この時は私たちだけだった。展示物を見ながら、杉原についてゆっくりと考えられた。とくに、一九九三年シルビア・スモーラー女史が八百津町に寄贈した杉原ビザ、一九四一年に日本に着いた時の仲間や家族の写真などの展示に注視した。シルビアは髪にリボンをつけた可愛い女の子で、父アレクサンダー、母オーラともに知的でひとかどの人物のようだった。彼らはもうホロコーストを恐れなくてよかった。父親の満面の笑みこそ家族にとって測り知れない価値あるものに違いなかった。この時私は、これらの証拠品を寄贈したスモーラーさんは、父親からビザを発給してくれた杉原について聞かされて成長したのだろうと思っていた。しかし後日、[15]福島県郡山市で開かれたスモーラーさんの講演会で彼女に会う機会を得た時、彼女が父親からは何も知らされず、大人になって本で知ったのだと聞いた。心に深い傷を負い、失意のまま後半生を過ごしたであろう父親の心情に思いを馳せた。記念館の二階では、杉原リストのコピーの展示もあり、外交史料館のショーケースでは重なって見えなかった最後の二一三九番目の名前が、アベリス・ハイマスという人であることがわかった。

記念館の窓からは、八百津の町を曲がりくねって流れる木曽川を見おろせた。展示物についての質問をした後、杉原さんについて何かお話ししてくださいと言うと、元八百津町役場助役で、この時記念館の管理をしていた柘植弘武

Dr. シルビア・スモーラーと著者（小谷野俊夫撮影、2004 年）

さんは、「杉原さんは父親の職業、そして自らの仕事のために、国内でも、海外でも引越しが多かったから、晩年とくにこの町に来ると落ち着けるようでした」と岐阜のなまりで、まるで、孤独だっただろう杉原に同情するかのように、優しく話してくれた。それが私にヒントを与えた。

そうだ、この土地の言葉こそ、杉原千畝が生まれて初めて耳にした言葉に違いなかった。私はこれまで杉原をどのように捉えていたかを思い返した。アメリカで初めて杉原のことを聞いた時、私は確かに彼を日本人として意識し誇りに感じた。しかし、杉原の、英語もロシア語も流暢に話す外交官として、また世界の多くの人から尊敬を集める偉大な救済者としての側面を知るうちに、彼のイメージは、日本人というよりむしろ国際人となっていたのかもしれない。私は杉原千畝に少し近寄れそうに感じた。柘植さんにお礼を言って外に出た。私たちは人道の丘公園の中心にある池に半円状に立てられている大小一六〇本の竹筒のようなセラミックのモニュメントに近づいた。パイプ・オルガンをイメージし、コンピュータ制御で噴水・照明とともに、平和を願う音楽が奏でられるという。「杉原さんと私は日本の歴史を共有している」。私はさっき思いついたことを心の中で繰り返していた。

その日、二〇〇〇年一二月二〇日は、寒く、空も曇ってどんよりとしていた。記念館と池の間の道路は交通もまばらで、車は時々通る位だった。近くに住宅が数件とレストランが一件あった。公園に他の来訪者はいなかった。この静かな、人気のない、日本列島の中心地で、私は杉原のことを考えていた。彼は一九〇〇年この町に生まれた。江戸時代（一六〇三〜一八六七）が終わって三三年後のことである。まだ前時代の影響がいたるところに残った社会で育っている。武士の精神を持った人と解釈しても差し支えなさそうだった。これは当然のことで、ほとんどの杉原研究者がこのように解釈していることはすぐにわかるのだが。都合よく、一八六二年士族に生まれた新渡戸稲造が英語で書いた *Bushido: The Soul of Japan*（『武士道』）を思い出した。封建支配体制での武士階層に発達した道徳規範について説いた本である。杉原を特徴づけるのに大いに役立ちそうだった。杉原は日本が戦争で正義をふりかざして誤った方向に突き進んでいた時に、果敢に正しい決断をした。私は、新渡戸稲造が「義」の観念を、誤っているかもしれない、狭きに過ぎるかもしれないと断りながらも、最初に引用している高名な武士、林子平（一七三八〜一七九三）の決断の定義を思い出した。

林曰く、「勇は義の相手にて裁断の事也。道理に任せて決定して猶予せざる心をいふ也。死すべき場にて死し、討つべき場にて討つ事也」[*16]。私は、杉原がビザを発給すると決めてから、この林の定義のように猶予することはなかっただろうと推察した。封建時代の高貴な人物像と杉原像が私の心の中で重なった。嬉しかった。やがて二時になって、池にそそりたつ一六〇本のパイプから音楽が鳴りはじめた。「大きな栗の木の下で」「故郷の空」「今日の日はさようなら」という懐かしい日本の楽曲が風に乗った。セラミックの楽器が杉原の話を八百津から世界へ届けたい一心で鳴っているようで、音は大きかった。曲はあたりの丘を吹き渡り、空のかなたに飛んで行った。池から離れながら、私は杉原が家族と撮った古い写真を思い出した。皆、まだ着物を着ていた頃のものだった。ちょうど日本が西洋化を目指したように、若く、希望に満ちた杉原が、日本の外に広がる世界見たさに着物を脱ぎ捨て、新しいスーツに袖を通してみる姿を想像した。

蒔かれた種

二〇〇一年一月三日、ニューヨーク、サンフランシスコ、そしてボストンで、杉原のことが、既に世代を超えて語り継がれているのを知ることになったのは幸運なことだった。アメリカの友人から、そのことを書いた記事の切り抜きが届いたからだ。二〇〇〇年一二月二五日付けのキャロル・ガーデンズというブルックリンの地方紙が、「ユダヤ人の名誉毀損防止組合の〝いいことをしよう〟エッセイ・コンテスト[17]の優勝者、一六歳のニコラス・シャーが親善大使として日本を旅行した」と報じていた。記事には、アインシュタイン医科大学教授であるシルビア・スモーラー博士が彼女の命を救った人への感謝の念としてこのエッセイ・コンテストを五年前に始めた、とある。私は二週間前に八百津の杉原記念館で、一九四一年撮影の彼女の一家の写真を見てきたばかりだった。まるで、あの可愛い少女が信じられないほど急速に立派な女性に成長したようなものである。

スモーラーさんは、「杉原さんは、彼が助けた子孫が四万人にもなり、その一人ひとりが世界に貢献していることは知らないのではないかしら」と言っている。では、ニューヨーク市でコンテスト参加者五七八人から選ばれた高校生、ニコラス・シャーは杉原についてどう思ったのか？　彼は、「皆が不正を見つけたら知らない振りをしないで一歩ふみこめば、世界はもっとよくなるでしょう。僕たちは杉原さんのように必ずしも人の命を救うことはできないし、また重要度も違うかもしれないけれども、世界を変えることはできるでしょう」と言っている。私は、彼がこの受賞の栄誉を胸に、何かの折には杉原の名前を思い浮かべるだろうと思えた。杉原が蒔いた善意の種は、アメリカ市民の心で花を咲かせているようだった。

日本では、杉原のことは、一九九三年以来、教科書で紹介されている。さらに、ジャパン・タイムズ[*18]の記事で、二〇〇一年四月から国際交流基金が杉原千畝奨学金計画を実施し、イスラエルの日本研究者を日本に招待するという。そのうえ、朝日新聞[*19]は、愛媛県松山市在住の写真家、脇阪隆之氏と全国に散らばる写真仲間らが秋に二五〇本の桜をリトアニアに贈る計画をしており、リトアニアのアダムクス大統領の喜びのメッセージも届いたと伝えている。杉原の母校早稲田大学同窓会のコミュニケーション誌[*20]は、二〇〇一年一〇月二日、リトアニア郊外の「杉原通り」や、カウナスとヴィリニュスの公園に、杉原の名前を記憶するために桜が植えられたと伝えた。私は将来、成長した桜木が花をつけ満開になった時を想像してみる。リトアニアを訪ねたことのない私は、暖かい陽ざしの中で淡いピンクの花々を見上げながら、絹のように薄くやわらかい花びらに触れて、桜の並木道を歩く人々を想像してみる。やがて花びらは雪のように舞い散るだろう。だが花びらの散った通りに、一九四〇年その地に満ちた罪なき人々のビザを乞う悲痛な叫びはもう聞こえないのである。

日本のシンドラー

杉原について調べはじめた一九九三年、スティーヴン・スピルバーグ監督による映画『シンドラーのリスト』が公開された。戦争の狂気を描き、第二次世界大戦中のナチによるヨーロッパ在住のユダヤ人大虐殺の恐怖を暴いて見せ、一九九四年にアカデミー賞を受けた映画である。『シンドラーのリスト』は、日本で杉原の名前を広めることとなった。しかし、この素晴らしい映画は厄介でもあった。映画を観てからというもの、杉原についての情報を読めば必ずと言ってよいほど、当初戦争成金で女好きとして描かれたオスカー・シンドラーの顔と姿かたちが、ちらつくようになったのである。リトアニア、カウナスの日本領事館の執務室で、ハンサムで背の高い俳優のリーアム・ニーソンがタバコに火をつけ、杉原の仕事机で退屈そうにビザにサインをしたり、杉原の妻、幸子さんにそっと近寄ったりするという具合である。さらに、日本のメディアは杉原のことを、「日本のシンドラー」と呼びはじめた。私はこれが嫌だった。なぜなら、杉原は杉原なのだから。

しかし、この現象はどうやら日本だけのことではなさそうだった。ジャパン・タイムズ[*21]に「イギリスのシンドラーついに表彰される」という記事が載った。一九三九年、プラハで六六四人のチェコのユダヤ人の子供を救ったニコラス・ウィントン[*22]という英国人男性九一歳が、イギリスで生存する最後の救済者として紹介されていた。記事によると、ウィントン氏は、〝戦時中のこと〟と言って一九八八年まで伏せていたが、彼の妻が、屋根裏部屋に隠されていた記録の入った箱に躓《つまず》いたことから、広く知られることとなる。半世紀も経ってからである。世界には他にもまだ別のシンドラーがいるような気がする。

ある日、私は、シンドラーではない杉原像を求めながら、ふと、以前、京都の古寺で見た苔むす庭に降っていた霧雨を思い出した。近寄れば、雨は悲しい風情で、杉原の沈黙の年月のように音もなく苔に沈んでいった。だが、暗い奥の畳の間から見れば、それは輝いて見えた。罪なき人々を救おうとした彼の英断のように、黒ずんだ板戸と敷居で縁取られた空間で、霧雨は光っていたのである。私はまるで杉原の人生を象徴しているようで気に入った。スピルバーグの魔力から解き放たれていくのもわかった。だが、杉原のイメージをあまりにも理想化しすぎたのかもしれなかった。つかめそうでつかめないイメージは私からいよいよ遠く漂っていくようだった。

証言テープ

二〇〇二年一月九日、ジャパン・タイムズ紙が、東京都小平市在住の元フジテレビ、モスクワ支局長・萱場道之輔氏が、一九七七年にモスクワで収録していた杉原千畝氏とのインタビュー・テープを八百津の杉原記念館に寄贈していたことを報じた。記事には、萱場氏が「子供たちにこのテープを聴いてもらい、杉原さんと同じ立場に立った時、自分たちだったらどうしただろうということを考えてほしい」と語ったとあり、また、杉原さんは気取らない人で、経験したことを淡々と話してくれたという印象が書かれていた。さらに、杉原氏はビザを四五〇〇枚位は発給したらしい。

確かに、私の杉原への関心はアカデミックな歴史研究というレベルからは程遠く、数あるユダヤ難民救済者も杉原千畝のみと偏り、難民の渡航を支えた旅行公社の職員の苦労[*23]などにも触れていない。訃報を聞いて以来一六年間、私は彼をいかに尊敬しているかをできる限り具体的に表現したいだけで、彼の実像を求めてきたともいえる。ここに、とうとう彼は実体を結ぶのだ。しかも、本人による証言テープという最も理想的な方法で。私は嬉しくて舞い上がってもよかったのだ。だが、私は、「うそ!」と、まず言った。それはたぶん、あまりにも唐突だったこと、さらに、もし彼が私の知らないことを暴露していたら、このエッセイを書き直さなくてはならないという恐ろしく自己中心的な理由からだった。

それから、私の頭はいろいろな考えで混乱しはじめた。第一、杉原のイメージを若くハンサムな外交官から、七七歳の国際交易モスクワ支店代表を務める老ビジネスマンに変えなくてはならなかった。杉原は自分のことを語らなかったと思っていたが、インタビューを受けたことも認めなくてはならなかった。このような状況のもとでは、そのインタビューの日に杉原がまずどう振る舞うかを推察してみることが、私の精神のバランスを保つのによさそうだった。そこで私はこれまで知り得た彼の言動パターンを思い起こしてみた。杉原は礼儀正しい人だったと多くの本に書かれていた。私は杉原が萱場氏を歓迎し、期待に背かない丁寧なマナーで椅子を勧めたと考えてみたりした。これも後日、私の妄想に過ぎないことがわかるのだが。少し経つと、冷静になった。杉原についてまた学び直そうと思った。

二〇〇二年二月二三日、私は萱場さんに電話をして、杉原千畝について少し聞くことにした。かつて、杉原を研究している人と話したことはあった。しかし、萱場さんは杉原と会った人であり、しかもジャーナリストだった。期待は膨らんだ。杉原の印象について尋ねると、「そうですね、杉原さんはかくしゃくとした老人といった感じでした」と答えは簡単だった。それではと、杉原のインタビューの受け方を少しドラマティックな答えを期待しながら尋ねても、「杉原さんは事実を淡々と話されました」という返事だった。私はあきらめずに、「杉原さんは、萱場さんの熱意に動かされるということはなかったのでしょうか?」という聞き方をしたが、萱場さんの答えは同じで「いいえ、全くありません。杉原さんは、ただ淡々と話されただけでした」と自信に満ちていた。それから萱場さんはジャーナリストの本領を発揮した。

二〇〇一年五月一三日に萱場さんはカウナスを旅し、今は杉原記念館となっている元日本領事館を訪ね、杉原を偲んだという話になった。その日は日曜で記念館は閉まっていたそうである。たまたま植木の刈り込みをしていた隣家の老人が、一九四〇年の夏、その頃その老人は子供だったのだが、領事館の門から丘の下に続く道に、ぼろぼろの服を着たユダヤ難民の長い列ができていたのを見たことがあると萱場さんに話したそうである。熱心な、細かい描写を交えての萱場さんの話を聴きながら、その場こそ追い詰められたユダヤ人の群衆が助けを求めて泣き叫び、そして、ナチの魔の手から逃れるのを助けてくれるという杉原に、感謝の涙を流したところだということが伝わってきた。萱場さんは翌日またそこを訪ね、記念館に入ったそうである。記念館の運営は財政難で厳しそうで、その窮状も彼は伝えた。「松林の丘の公園の中に領事館はひっそりと立っています。松をゆるがす風もこの建物だけは避けてゆくようでした」で締める萱場さんの「カウナス・リポート」は、戦時中、一人の人間として杉原千畝が下した決断の重みに思いを致すものだった。

私はさらに、萱場さんに、この時期になって杉原のインタビュー・テープを寄贈するにいたったわけを聞いてみた。「確かにもっと早く公開すべきでした。報道に携わる者としてこのことは今も忸怩《じくじ》たる思いです。しかし、日本で杉原さんのことが知られるようになったのは、比較的最近のことです。杉原千畝という〝名前〟ですら長い間一般から認知されていなかったのです。とても〝声〟までは無理でした。いい加減にはしたくなかったのです。個人的な取材で、番組用ではありませんでした。それでも、私もテレビ記者でしたから、杉原さんについてのテレビ番組を作ろうと考えなかったわけではありません」。

萱場さんは一九六八年ベトナム特派員、一九七三年から一九七七年までモスクワ特派員をこなし、ドキュメンタリー番組のための海外取材の経験も多く、一九九五年にはベトナム人母娘との交流を描いた『アカムと愛蓮』を出版したベテランである。電話の向こうで、声は少し重かったが、話を続けてくれた。

「しかし、次第に杉原さんを映像化することが、もしかしたら、杉原さんが生涯を通じて守り切った徳をそこなうようなことになるかもしれない、と考えるようになりました」。私は杉原を描いたいくつかのテレビドラマを思い出していた。確かに、わずかな疑問は拭いきれなかった。萱場さんは、「私にとって、杉原さんのことはテレビ映像化するにはあまりにも尊く偉大でした」。この時私は机に向かい、左手で電話の受話器を持って話を聴き、右手でそのメモをとっていた。しかし、心の中では、とてもスケールの大きな「杉原千畝物語」の映像を思い描くことができた。

萱場さんは、テープを公開することを決心した。杉原記念館にテープを寄贈して子供たちに聞かせたいと願い、二〇〇一年一〇月二四日、八百津町役場に届けた。後に私は、萱場さんからそのテープを受け取った、八百津町役場で当時産業振興課商工交流係の主任主査だった石井正則氏に、その時の様子を尋ねた。「萱場さんは、本当に飾り気のない方でした。私たち職員が、そのテープが歴史の証拠として貴重なものであると気がついて驚いたのは、萱場さんがお帰りになった後でした」。こうして、侍魂を持った外交官が実行した勇気と公正そして人間愛の徳目を知る好機は、一人のテレビ記者によって実にさりげなく次世代に手渡された。

公開された声

二〇〇二年四月二日、杉原千畝の証言テープは、八百津の杉原記念館で初公開された。役場の石井さんによると、当日、ラジオとテレビ局が四件、新聞六社がこのビッグニュースを報道したそうである。私は、日本列島を桜前線が北上する最も美しい季節に、日本の外交官、杉原千畝は故郷で初のスピーチをしたような気がしている。

四月五日、私は一般公開された杉原の声を聴くために、名古屋から名鉄電車に乗って八百津に向かっていた。私は線路沿いの桜や菜の花を見ていた。空は青かった。新緑に覆われた野原のそこここに咲く満開の桜は「杉原千畝の声　公開」に捧げられる最もふさわしい祝福のしるしのようだった。私は二日前に東京で萱場さんにインタビューをした。杉原についての具体的な質問はしたが、テープの内容については何も聞かなかった。もし彼が驚くようなことを話しているとしても、受け止めるしかないと覚悟を決めていた。一一時頃、「人道の丘」に着いた。その時点で杉原記念館への来訪者は五万人となった。私がその五万人目[*24]だった。この偶然が、その日をより忘れられないものとした。

館内の杉原の執務室を再現したコーナーで、私は慎重にヘッドフォンをとり、ゆっくりと

八百津町の春（寿福滋氏撮影）

再生ボタンを押した。杉原の音声というだけで胸がドキドキしていた。高性能の録音と再生がされており、音声は明瞭だった。一九七七年にモスクワで収録されたものである。背景にラジオの音が流れており、女性アナウンサーらしき人のロシア語が流れていた。テープは公開用に五分間に収められていた。杉原を知ってからの一六年に比べるといかにも短く感じた。杉原の声を聴くだけでも私にとっては大きな出来事だったのに、さきほど五万人目の来館者としていきなり報道陣に迎えられることになり、心が乱れていたようだ。彼のビザ発給についての新情報の暴露がなかったことをじっくりと受け止めるゆとりなどなかった。「ああ、杉原さんに声があった!」と一人で感嘆しただけである。すぐに他の人は入って来なかった。深呼吸をしてもう一度試みた。目を閉じて、今度は萱場さんから聞いた杉原千畝インタビュー・シーンを回想しながら聴いた。親しみやすく、ジャーナリストらしいタフな外見の萱場さんは、モスクワ特派員時代につけた日記帳を見ながら、当日の杉原氏について次のように説明してくれた。ちなみに、背景のロシア語のラジオ放送については、後日改めて萱場さんに確認したものである。

杉原さんは、グレーのような濃いめの色のズボンをはき、白いシャツにベージュのニットのベストを着ていたと思います。杉原さんのことは、日本の商社のモスクワ支店勤務の日本人ビジネスマンから聞いていました。杉原さんの件について下調べをして、一九七七年八月四日に杉原さんに連絡し、約束をとりつけました。杉原さんがインタビューに応じるなんて稀なことのようでした。

翌日、一九七七年八月五日、モスクワのミンスク・ホテル内の自宅に杉原さんを訪ね、午前一〇時半から一二時までインタビューしました。当時ソ連ではホテルの部屋が外国人用の住居またはオフィスとしてあてがわれていました。ラジオの音は確かに邪魔でした。なぜラジオを切らなかったかといえば、放送用でなかったことや、初対面の杉原さんにラジオを切ってくれと頼むのを躊躇《ためら》ったからかもしれません。当時、杉原さんは七七歳で私は四二歳でした。杉原さんは、がっしりとして、かくしゃくとしていました。初めのうちは、何だ？ 若いのが来たなと、がっかりしたようでしたが、だんだん私の質問にも心を開いて答えてくれるようになりました。杉原さんは、一時間半のインタビューのうち三〇分くらいをビザ発給について話しました。インタビューの間、とても私欲のない人だという印象をもちました。とてもあのような偉大なことを成し遂げた人とは信じられませんでした。

三〇分後、他のヴィジターが部屋を出たので、私はもう一度杉原千畝の声を聴いた。確かに、彼は人生の後半を密かに送ったかもしれない。貿易会社の役員として長い間家族とも離れてモスクワで暮らした。あのような偉業を成し遂げた人にありがちな、孤独で、引っ込んだ生活を強いられたのかもしれない。または、悪意を含んだ興味で見る人たちに我慢を強いられていたかもしれない。しかし、彼の声はそういう私の予想を裏切った。萱場さんの質問に答える杉原のゆったりとした落ち着いた話し方は、彼が自身の人生に打ち勝っていたことを物語っていた。杉原千畝は有能な外交官だった。彼は公平だった。彼は職を失うリスクを負う覚悟でビザを出した。そしてそれは彼の職務であると考えたからだった。

ホロコーストは、二〇世紀最後の世界大戦の憂慮すべき出来事だった。我々人間は内に持つ罪ゆえに歴史を通じて戦争を繰り返してきた。残念なことに、二一世紀にも戦争の危険がある。しかし、杉原がインタビューの中で示した明白さは、私をしばし憂いから遠のけてくれた。杉原が示した人間愛は私に、私たち人間の生み出す問題の多さにもかかわらず、それでもこの世界は生きるに値することを確信させてくれた。

私は本棚に置かれた写真の前に立った。そして今生きていることへの感謝に満たされながら杉原を見つめた。一九四〇年リトアニアのカウナスで「日本通過のビザを発給します」という杉原千畝の明言を聞いた難民たちは、その時ようやく未来を信じたに違いない。彼の深い朗々たる声はその時も希望に満ちて響いたに違いない。

ポーランド領から逃げて来た人たちだと思った。ドイツ人はユダヤ人をつかまえアウシュビッツへ連れて行くということで、ユダヤ人は逃げ回っていた。日本領事館がカウナスにあることを聞いて領事館に雪崩をうって押しかけた。大変困ってね……、私はちょうど領事館引き上げ命令をソ連政府から受けているので、家具をかたづけなければならない。小さい子供が三人もいるし、生まれたばかりの赤ん坊もいる。そこへなだれこんできたわけで、「行くところがない、後からドイツ、日本を通ってよその国へ行くから通過だけのビザを下さい」と頼んできた。東京にも聞いたけれど、東京はガンとして応じない。ノータッチでいろと言うが、宿舎の窓に何千人と集まっている。結局私の概算で四五〇〇。始めは番号をうっていたが、一〇〇人以上になったら面倒になりやめてしまった。

決まったはんこうがあるけれど、はんこうには査証と書いて私の官職名が書いてあるだけで、どこ行き、日本通過の条件付きということを、とくにペンで書き入れた。持ってきた書類も全部のものが完全ではなく、とっさに逃げ出したのか、パスポートでないものも持ってきたりもしたので、いろいろと条件を書いて、この条件に適して日本へ来ればいい。手で書く仕事が非常に多かった。中央アジアを通ってウラジオストクと敦賀の間の連絡船で日本へ。避難民を大量に送ってもらうと困る。船室はわずかしかない、デッキで寝るには危険だというが、私はかまっていられない。知らん顔していた。日本側は内務省が困って外務省に文句を言うが、そうすると私にわかってくるが、「人道問題」だと言っている。首になってもかまわない。私でなく誰かがその場にいたら同じことをするだろう。[*25] 他に方法がない。そしてはんこうを押した。

ベルリン行きの国際列車に乗るため引き揚げる直前まで約二週間、一二〜三日の間だと思う。いよいよ一日の朝、出発するカウナス駅のホームにもやって来たが、困ってしまってね……、断りきれなくて五〜六人にサインをしてあげた。断った記憶がないので全て書いてあげた。断るとどこへも行けずかわいそうだ。そして、来るなと言ったって、なぜいけないのか。犯人でもないし、服装だけで人を判断してはいけない。日本は通過だから、一時大勢来るから日本側にとって好ましくないかもしれないが、国境を開いている限りは拒めない。日本の外務省、内務省、汽船会社は表面的には反対だと言って来ていた。終戦後、日本へ帰って来て、退職手当三〇〇〇円、以後自力、独力でずーっとがんばって来た。[*26]

杉原千畝（ＮＰＯ杉原千畝命のビザ提供）

注

＊1　ジャパン・タイムズ、一九九三年一二月六日

＊2　*Visas for Life*, translated by Hiroki Sugihara and Anne Hoshiko Akabori, edited by Lani Silver and Eric Saul. Holocaust Oral History Project. Pre-publication copy, 55th Anniversary Commemorative Edition, 1995.

＊3　渡辺勝正『真相・杉原ビザ』大正出版、二〇〇〇年

＊4　Asia Japan Jounal 11（2016）に掲載されているイリヤ・アルトマン氏の論文「ロシアおよび海外公文書館における『正義の人』杉原千畝に関する新たな文書の発見―国際協力の経験と展望」によると、難民通過は外貨獲得の有効な手段だったと書かれている。

＊5　ジャパン・タイムズ、一九九一年一〇月一一日

＊6　新潮社、二〇〇〇年

＊7　講談社インターナショナルより刊行

＊8　日本海地誌調査研究会（井上脩会長）編『人道の港　敦賀』敦賀上陸ユダヤ難民足跡調査プロジェクトチーム、二〇〇七年一〇月

＊9　ポーランドに「シベリア孤児」と呼ばれる人たちが暮らしている。ロシア革命後の混乱期、シベリアに逃れて難民となったポーランド人の子供である。一九二〇年と一九二二年に日本赤十字社が設立後初

めて行った国際救済活動で、危機的状況にあった彼ら七六五人を、福井県敦賀をはじめ日本国内で健康体力を回復させ、ポーランドに送り届けた。二〇〇二年七月、天皇皇后両陛下がポーランドに初訪問した際、当時九歳だったハリーナ・ノビツカさん（九一歳）らは夕食会に招待された。朝日新聞（二〇〇二年七月三日）参照。

＊10 大阪朝日新聞、一九四〇年一〇月一〇日

＊11 大阪毎日新聞、一九四一年二月七日

＊12 杉原千畝「外務省留学生試験合格談」（月刊誌『受験と学生』研究社、一九二〇（大正九）年四月）では英語の教師になるためとは書かれていない。なお『真相・杉原ビザ』三八九頁に「合格談」は学校史研究家の井上静夫氏所有であること、研究社の了解を得たことが記されている。

＊13 渡辺勝正『真相・杉原ビザ』を参照

＊14 ゾラフ・バルハフティク氏は著書『日本に来たユダヤ難民』（滝川義人訳、原書房、一九九二年）に、杉原はビザの手数料二リタを受け取った、と書いている。

＊15 二〇〇四年一一月四日

＊16 『武士道』奈良本辰也訳、三笠書房

＊17 Sugihara “Do the Right Thing” Essay Contest

＊18 二〇〇〇年一〇月一二日号

＊19　二〇〇一年二月八日号

＊20　『早稲田学報』二〇〇一年一二月

＊21　二〇〇〇年一一月一六日号

＊22　二〇一五年七月三日付け日本経済新聞によると、ニコラス・ウィントン氏は二〇一五年七月一日に亡くなった。一〇七歳だった。二〇一一年チェコとスロヴァキア合作で映画"Nicky's Family"（「ニコラス・ウィントンと六六九人の子どもたち」）ができる。二〇一六年一一月日本でも公開される。

＊23　「『命のビザ』支えた歴史　旅行公社、ユダヤ人の渡米助ける」朝日新聞、二〇〇二年六月七日。本書一五二頁を参照。

＊24　岐阜新聞、二〇〇二年四月六日

＊25　『決断・命のビザ』（渡辺勝正編著、大正出版、一九九六年）によると、「仮に、本件当事者が私でなく、他の誰かであったならば、百人が百人拒否の無難な道を選んだに違いない」と、杉原は晩年、明らかに相反する内容の手記を残している。私は、手記は状況の重大さを強調し、このインタビューでは萱場さんに自分の行為の人道面を強調して語ったものと推察し、改めて杉原の行動が重要だったことに思いを致している。

＊26　自著 *From the Country of Kimonos*（Yuko Koyano, Shumpusha, 2006）では、テープの内容を要約して英訳したが、ここでは記念館で公開されているとおりである。なお萱場さんの質問は割愛させてい

ただいた。

後篇　—慈しみのまなざし—（二〇〇三～二〇一七）

桜記念公園

日本の元外交官杉原千畝が第二次世界大戦勃発直前から一年間駐在し、ユダヤ避難民救済者として歴史に名を遺すことになった舞台、リトアニア共和国は、バルト海に沿って並ぶ「バルト三国」の最南国である。日露戦争時、ロシアのバルチック艦隊が日本海を目指して隣国ラトビアのカロスタ軍港から出航している。最北国のエストニアは二〇一三年に引退した角界の元大関、把瑠都《ばると》凱《かい》斗《と》の出身国である。

現在、リトアニアの首都ヴィリニュスの市街地を縫って流れるネリス河沿いに、ゆるやかな斜面を描く芝生の公園があり、高層ビル街を背景に一〇〇本を超える日本の桜並木が育っている。公園は「杉原千畝桜記念公園」と命名され、杉原千畝の母校である早稲田大学が寄贈した記念碑が建ち、本書の冒頭に示したとおり、第二次世

界大戦中、在リトアニア日本領事館の領事代理だった杉原千畝が隣国ポーランドなどから逃げて来た亡命ユダヤ人に日本通過ビザを出し、ナチの迫害から助けたことが刻まれている。ビザ発給の現場となったカウナス（当時のリトアニアの首都）の旧日本領事館とともに、日本とリトアニアの交流を象徴する場所になっている。

前篇にも書いたが、二〇〇一年一〇月二日、この公園で、杉原の生誕一〇〇周年を記念して桜の植樹祭と杉原千畝記念碑の除幕式が行われた。記録によると、式典には、リトアニア共和国のヴァルダス・アダムクス大統領（当時）と政府関係者、合唱団、一般参加者、日本からは、今は故人となられた杉原幸子夫人*1、桜の植樹祭の端緒を開いた国際写真交流協会関係者、開催に協力した早稲田大学関係者、杉原千畝研究者、他多くの賛同者が出席したという。その三週間前の九月一一日にアメリカで

リトアニア共和国ヴィリニュス市・ネリス河畔（伊達美智子氏撮影、大正出版提供）

起きた同時多発テロ事件により、日本からの参加者は半減したが、リトアニア側では、民族舞踏、コーラス、アクロバット飛行ショーなどの演出も花を添え、国を挙げての大がかりな祭典となったそうだ。

リトアニアの面積は約六・五万平方キロメートル、北海道の広さの八五％にあたる。人口は二八四・九万人（二〇一七年一月時点）で大阪市の人口に近い。歴史をさかのぼると、一二五三年ミンダウガス大公がローマ法王の使者から国王の戴冠を受け王国となって以来、「戦争の大陸」ともいわれたヨーロッパにおいて、強大国がひしめきあい、統一、分割、同盟などを繰り返して来ている。

杉原千畝が赴任していた第二次世界大戦下の一九四〇年、リトアニアはソビエト連邦に併合された。翌年ソ連軍が退去すると、今度はドイツ・ナチス陸軍が侵攻し、一九四四年には再度ソ連軍に占領されている。「地続き」であるために、まるで宿命のように、両国軍から蹂躙《じゅうりん》され続け、ユダヤ系住民は虐殺され、三五万人以上ものエリートが投獄、虐殺、シベリア追放となった。戦後、敗戦から立ち上がった日本が経済成長を謳歌していた時期も、ソ連人移住によるソ連化強制などと、相次ぐ過酷な収奪の歴史を経験している。駐日リトアニア共和国大使夫人のガリナ・メイル氏は子供時代に「ソ連時代」を経験した。[*2]パン一個買うのに三時間も並び、売切れたらおしまいだった。自転車を一台買うのにも希望リストに書いて申請して一、二年待たされた。無論、色も形も選べない。個人の好みなど認められる時代ではなかったという。一九八五年ミハイル・ゴルバチョフが共産党書記長に就任して以来、改革の気運が広がる。一九八九年、ベルリンの壁崩壊の約五〇日前にバルト三国独立運動の一環として行われたデモ活動「人間の鎖」[*4]には二〇〇万人が参加した。[*3]一九九〇年、リトアニアは自ら独立を宣言した。ソ連支配から完全に独立した一九九一年九月、日本はリトアニア共和国を承認し、一〇月には、杉原が領事館を閉鎖した一九四〇年以来の外交関係が再開された。リトアニアにとって、民主国家になって一〇年目に行われた桜の植樹祭と記念碑の除幕式は、杉原千畝の戦時下における人道行為の偉勲を偲び、世界平和を祈るセレモニーであると同時に、ようやく手にした主権国家としての気概を確認する好機だったに違いない。

私は植樹祭には参加していないが、新聞に載ったその発端の国際写真交流協会による桜基金募集に一口だけ応募していた。杉原にゆかりのある地の人々と平和への思いを分かち合えたらと、桜に願いを託したかったからである。

二〇〇九年秋、私は杉原千畝研究会主催の旅に参加し初めてリトアニアに行った。桜の公園に立ち、杉原記念碑の足元の石板に刻まれた出資者名の中に、自分の名前を見つけてからは、桜の小枝一本分位のオーナー気取りでいる。植樹祭に備えて日本から空輸された桜の苗木の一部は大統領府の敷地に、杉原通りに、そしてカウナスの旧領事館前にも植えられている。幹は細いが、植えた翌々年から花も咲きはじめたそうで、成長が楽しみである。北緯五五度に位置し、太古氷河に覆われていたという寒冷地ヴィリニュスでは、春は遅く短い。私が二年後に再び訪れた五月には、桜しべの散るのも待てず、青葉が生い茂っていた。

顕彰碑

その公園の一角にある、人の背丈をゆうに超す高さの石碑は、杉原が外務省の試験に合格するまで一年半在籍した母校・早稲田大学が建立した顕彰碑である。ウクライナ産の赤御影石が使われていると聞いた。最近シベリア鉄道駅のあるウラジオストクで、「……巴里《パリ》の君へ逢いに行く」と刻まれた与謝野晶子の歌碑[*5]を見たが、ウラジオストクは一九一二年当時日本人街があるほど日本に身近なところだった。杉原ゆかりの地とはいえ、リトアニアは遠い北欧の国である。異境に日本人の功績を称えて記念碑[*6]が置かれるには、どのような人が関わり、どのような過程を経たのかと興味を抱いた。

二〇一二年、早稲田大学理事の迫田実氏を訪ねた。迫田氏は、総務課長だった二〇〇一年、ヴィリニュスの杉原記念碑設置に関わられた。同氏に、まず記念碑にウクライナ産の石を選ばれたわけを尋ねると、淡々とした口調で「はい。石は日本から飛行機で運ぶには重すぎます。それに、ヨーロッパの方が石材は豊富で調達しやすいからです」と言われた。なるほど、ヨーロッパは石の文化圏である。愚問を忘れ納得した。

その石碑の右半分には上から、リトアニア語、日本語、英語による銘文が刻まれ、左半分には、縦八〇センチ横七〇センチの、楕円形の銅版レリーフが固定されている。写真で見たことのあ

早稲田大学建立杉原千畝顕彰碑(寿福滋氏撮影、2001年10月)

リトアニア

杉原氏記念碑 両陛下が訪問

「日本のシンドラー」

杉原千畝氏の記念碑を見る天皇、皇后両陛下＝26日午後４時19分、ビリニュスで、高橋洋撮影

【ビリニュス（リトアニア）＝島康彦】天皇、皇后両陛下は26日、リトアニアに入り、第2次大戦中にナチス・ドイツから迫害された多くのユダヤ人を救った外交官、故・杉原千畝氏の記念碑に立ち寄った。同国には杉原氏の記念館や名を冠した通りがある。遺族は「両陛下のご訪問で、杉原の人道的行為が改めて報われた思い。本人もきっと喜んでいると思います」と話している。

杉原氏は１９３９年から2年間、リトアニアの領事代理を務めた。その間、ナチス・ドイツに追われた多くのユダヤ人難民に、外務省の方針に反して日本通過ビザを発給し、約6千人の命を救ったとされる。

こうした功績が次第に評価され、リトアニアは91年に日本と国交を回復させた際、ビリニュス市の通りのひとつを「スギハラ通り」と命名。杉原氏がビザを発給した旧日本領事館も杉原記念館として保存されている。

両陛下はアダムクス大統領夫妻とともにリトアニアの外相の説明を受けた後、記念碑に歩み寄り、埋め込まれたビザの写真製版や杉原氏の顔のレリーフにじっと見入っていた。

朝日新聞記事（2007年5月27日）

る、杉原千畝の若い時の、少し横を向いた顔の浮彫である。二〇〇七年に、ヨーロッパ歴訪中の天皇皇后両陛下がこの記念碑に立ち寄られた折のニュース映像は記憶に新しい。

日本の工房で作られ、鋳物工場で仕上げられ、現地に運ばれたこのレリーフは早稲田大学文学学術院講師の櫻庭裕介氏の作である。文化財修復を専門とされる櫻庭さんは、造形の専門家ではないので上手くはありませんと断ってから「制作した二〇〇一年当時、杉原さんの情報は限られていました。主に写真から得た印象をもとにしています」と言われた。杉原の知性、品性、優しさなどが特に心に残っていたそうだ。確かに、ヨーロッパに数多く観られる偉人の像やレリーフなどに比べると、ヴィリニュスの杉原レリーフに華やかさはない。だが、杉原についてより多くを知るようになって見ると、浮彫は虚飾を廃し、静謐で、慎ましささえにじむ。終生、自身のユダヤ避難民救済の業績に対し「無私」の境地を貫き通した人を見事に物語っている。

後日私は、この記念碑設置の実現には、早稲田大学総長（当時）の奥島孝康氏[*7]の決意があったと知る。杉原千畝研究会の会員誌『せんぽ』[*8]創刊号を参照すると、奥島さんは、杉原千畝の存命中から、早稲田で学んだ彼の功績を称えるべきとの思いを説かれていた。「杉原さんを大隈講堂に万雷の拍手で迎えたかった」と、生前祖国で厚遇されることのなかった元外交官へ、顕彰が遅れたすまなさをにじませて話されている。奥島さんは後に総長になり、機が熟した二〇〇〇年、杉原が赴任した国でもあり、長年ソ連の圧政下で苦しんだリトアニアの大学[*9]を訪れ、早稲田大学との交換留学の協定を結ばれた。そこで現地の人々と意気投合し、杉原の生誕一〇〇周年を記念して、翌年の植樹祭と顕彰碑贈呈の実現に繋がったそうだ。

先述の迫田さんからは、早稲田に留学中のリトアニア人の学生が、石碑設置の準備の段階から本番の除幕式まで大活躍したと聞いた。英語とは違う文字表記のリトアニア語を使うために、駐日リトアニア大使館のタイプライターを借用するなどして、通訳、翻訳にも備えたという。さらに、「早稲田からの留学生三人も現地で通訳兼事務局補佐を務めた」[*10]そうである。リトアニアと日本を繋ぐ人となった杉原千畝を軸に、両国の関係者が、自国の経済発展への望みや自校の名誉をからませながらも、生き生きとして協力し合う様子を思い浮かべることができる。双方の想いの先に、政治や国家権力から中立の立場にある大学の役割とともに教育者の果たせる外交の力を見る思いである。迫田さんは、「長く大学の仕事をしていますが、今思い出しても、記念碑の設置は非常に達成感のある仕事でした」と話された。

桜満開

二〇一四年の春先、このヴィリニュスの「杉原千畝桜記念公園」でのお花見写真[*11]のコピーが送られてきた。前年の桜である。研究会の旅を実施した東京アソーシエイツの橋本稔氏が旅の参加者に郵送されたのだ。A4サイズのカラーコピーで、日本から空輸して植えられた桜の下で、ヴィリニュスの市民が憩いのひと時を楽しんでいる写真である。私は二〇〇九年から三度現地を訪れた。そのうちの二回は五月だったが、花には間に合わなかった。送られてきた写真が初めて見る満開の桜だった。大島桜で、花色は白く、枝振りは直線的だが、木に勢いがある。まるで、わけあって寒冷地に預けていた我が子が立派に成長した写真を見るような心境である。安堵した。そして、「現地では春の風物詩として定着し、花が咲けばテレビや新聞で毎年報道され、大統領も市民とともに花見を楽しむそうです」という添え書きを読みながら、桜の下で三々五々腰をおろし語り合っている市民ののびやかな様子に心を奪われた。日本では、桜の季節はほぼ全国民が花に覆われる幸せをかみしめている。特に第二次世界大戦後に生まれた人は途切れずに、である。温暖な気候と、戦争で三一〇万人もの先人が払った大きな犠牲の上にではある。戦争を放棄して得た賜物のような気がする。

後日、橋本さんに話を聞いた。二〇〇一年の植樹祭で植えた桜はその後、花をつけながらもひ弱に見えた。北緯五五度のヴィリニュスは、日本では、北緯四五度の北海道の宗谷岬よりさらに北に位置する。ネリス河畔の風も冷たい。気温の低さで絶えた桜もあったそうだ。ヴィリニュス市の公園課が年に数回管理はするが、それだけでは気がかりと、橋本さんは、京都の桜守である佐野藤衛門氏から寒冷地での桜の手入れについて教えを受け、二〇〇三年から年に二回、花の散った初夏と、葉の落ちた初冬に、リトアニアに行き桜の手入れをしている。地元のヴィリニュス大学の学生三人ほどにアルバイトを頼み、トラックをチャーターし、園芸店に行って肥料と土を買い作業にかかる。夏には土と肥料を、冬には落ち葉をかき集め土とまぜて肥料を加え、一〇〇本を超える桜の根の先端に施すそうだ。世界を飛び回る

杉原千畝桜記念公園（リトアニア共和国ヴィリニュス市、ヴィリニュス市在住の岸田麻里氏撮影、2013 年 5 月）

旅行社の社長とはいえ、日本とリトアニアは八一〇〇キロメートル離れている。手入れに最適な時期を外すことはできない。日程が決まると往復を入れて三日がかりの作業になる。時には日本から「助っ人」が同行してくれることもあるが、基本は一人で取り組んでいる。その結果の「心躍る写真」だったとわかった。自宅の庭の草取りさえ怠りがちな私は俯《うつむ》いてしまう。

橋本さんは、杉原千畝の語学の才能に敬服し、困窮したユダヤ避難民を前に苦悶しながらも、勇気を奮って手を差し伸べた優しさに心打たれたと言われた。植樹祭でともに桜を植えた故杉原幸子夫人との約束もあり、体力と気力の続く限り「杉原千畝桜公園」の手入れを続けたいとのことだった。

この桜公園の一例だけでも、多くの人々の胸にさまざまな「行動」の灯りをともした杉原千畝とは、どのような生涯を送った人なのだろう。彼の人間形成の原点となった生誕地*12である岐阜県八百津《やおつ》町から、彼の生い立ちを辿ってみる。

八百津町

杉原千畝は一九〇〇（明治三三）年一月一日、岐阜県八百津町で誕生した。現在の八百津町は、面積一二八・八一平方キロメートルでそのおよそ八割が山林という、二〇一七年一月一日現在で人口は一万一四三五人の静かな、自然豊かな町である。

『八百津町史』*13 を開くと、「八百津町は岐阜県の東南部木曽川沿岸に位し、先住民の集落は旧石器時代から水便のよい高原地帯と段丘崖麓泉のある河岸段丘上の陽当たりのよい地帯を中心として発達してきた」と述べられている。大陸から伝わり西日本から東海、東日本へと伝わって行ったとされる弥生式文化時代の土器の出土品が八百津にも多い。現存する寺院などの石垣塀の立派さ、重厚な構えの歴史的建造物も古代からの生活の営みを伝えている。さらに、町史年表を見ると、町制が敷かれて一〇年後、千畝の生まれる前年の一八九九年には森林法の規定により、町内一般に松、杉、檜の常緑樹の伐採が禁止されている。維新後の急激な近代化に伴い需要が増えた貴重な建築材である常緑樹を保全するための町の取り組みなどがうかがえる。

現在、八百津には、醤油、酢、味噌、酒などの醸造業があり、特にだし醤油である調味の素は人気がある。また郷土工芸品としての日本人形は見事で、私は杉原記念館来館五万人目の記念品として同町からいただいた蘇童作の人形を大切にしている。年の瀬の楽しみの干支煎餅、秋の栗きんとんの素朴な味も好きである。

生家

二〇一〇年九月八日、町役場の山田さんと国際交流員のメイタルさんに案内してもらい、杉原千畝の母やつの実家である八百津北山の岩井家を訪ねた。一九〇〇年正月、千畝はこの岩井家で生まれたと聞いている。生家の建物は既に建て替えられており、当時の様子はわからないが、現在の家の、玄関土間の磨き抜かれた上り框《かまち》の板の厚さ、柱や梁の太さなどから想像すると、きっと似たような構えの、どっしりとした家屋だったのだろう。

当主岩井錠衛さんは、杉原の母やつの、甥（順次さん）の二男で、千畝より二六歳年下と聞いた。背が高くがっしりした体格の方で、痛む足首をかばいながらも、富子夫人とともに親切に迎えていただいた。

杉原は七五歳でモスクワの商社を退職した。その後は時々、いわゆる残務整理のためにモスクワに行ったようだ。年月日は定かでないが、帰国後のある日、北山のこの岩井家を訪ねている。千畝が来るという日、錠衛さんの妻の富子さんは昼食の支度をしていた。せいぜい二人位で来るかと思いきや、いっぺんに五、六人も連れて来たので昼食を出すのにおおわらわだったそうだ。錠衛さんの記憶によると、七〇代も半ばを過ぎた千畝が一番懐かしがったのが、子供の頃の夏休みの思い出だったという。「夏休みにやってきては、もう、そこらじゅう駆け回って遊んだ」と、懐かしさいっぱいの顔のままで、大きな声で元気に話したそうだ。また、千畝はあたりの棚田を歩きまわり、岩井家の裏庭にも入って、産湯に使ったという井戸水を飲み、「ああ、うまい、うまい」と、喜んでいた。井戸は、今もそのままで苔むして年月の経過を物語っている。錠衛さんは、この時、千畝が、昔の写真の中から若い軍服姿の自分の写真が気に入って持ち帰ったことも覚えている。また「ロシアは本当に広い、広い国やぞ」と、昔から憧れていたというロシア、ヨーロッパの話しもしていたそうだ。髪こそ白くなったが、まだかくしゃくとした杉原が、母方の縁者にすっかり心を許し、あれも、これもと子供の頃を思い出しては嬉しそうに畳の部屋を行ったり来たりする姿が彷彿する生家だった。

私が千畝の生家を訪ねた日は、朝から風雨が強かった。日本海に抜けた台風九号が本土に再上陸した。その年、既に長期にわたる豪雨で土砂崩れの被害が出ていた八百津では、台風再上陸のニュースで緊張が走った。私も新幹線が止まらぬうちにと、帰りを急いだ。風雨がさらに強くなり、生家の外観はおろか、千畝が夏休みを満喫したという周辺の景色を見るゆとりもなかった。二年後再び北山を訪ねる。

棚田

二〇一二年八月二六日、午前一〇時半、私はＪＲ太《たい》多《た》線《せん》可《か》児《に》駅からタクシーで八百津に向かい一五分ほど山道を上り、岐阜県八百津北山の上代田棚田に着いた。この日は上天気だった。二年前に訪ねた杉原の生家の近くである。地形は、東、西、北の三方が森であ

八百津町北山の棚田[注]

り、南方の山裾に向かってゆるやかに傾斜しながら棚田が広がっている。棚田百選に選ばれた山里である。

八百津の郷土史に、『濃州徇行記[*14]』から引用された、江戸時代の「北山村」についての記述がある。「谷筋をかたどり左右田地あり、皆棚田なり、石垣にて次第に組あげ見事なり（……）ここは農事の外薪を伐り本郷（北山の南）へ出し産業とす」と書かれている。どうやらこの地は、舗装された道路や現代的な集会所の建物などを見なければ、二〇〇年前から景色はそれほど変わっていないのかもしれない。

記録ではさらに、「一体人の律儀なる処にて年貢金も期日よりも必ず早く庄屋へ納来るとなり」と述べられている。江戸時代の、年貢の取り立ての厳しさは時代劇でおなじみのシーンであり、期日までに納めきれず領民はいじめられると決まっている。ところが、北山村が納期厳守の地域として特筆されているのは、郷土史に書かれているとおりコメ作りの他に薪産業で潤っていたからだろうか。木曽の豊かな森の恵みを生きる手立てにした住民の知恵がうかがわれる。

棚田の、のどかな景色に見惚れてしまう。往く夏の空は青く、ちぎれ雲が浮いている。今上って来た山裾の方を向くと、遠くに山並みが重なって見える。空に溶けてしまいそうな淡い色の山、その手前が蒼い山々、そして青緑の山並みから、ここ北山の濃い緑の森に届く。標高約三、四〇〇メートルというが、この開けた遠景のせいか、もっと高みにいる気分になる。この地で夏休みを過ごした少年時代の杉原千畝も、この景色を見て、いつか遠い世界へ飛び立つ自分の姿を想い描いただろうか。風はやわらかく、空気がきれいで深呼吸をしたくなるほどだ。森を背にした集落に囲まれて、棚田には、田んぼだけではなく、茶畑、野菜畑も含まれている。用水の流れか、さらさらと水音が聞こえる。視線を落とすと早生の田んぼは既に実りの時を迎え、あたり一面黄金色である。その稲穂の上を無数の赤とんぼが飛び交っている。羽音まで聞こえそうな静けさにひたっていると、いきなり、エンジンの音がして草の匂いが上ってきた。ほどなく始まる稲刈りに備えて、棚田の下の方であぜ道の草刈りが始まったらしい。ここへ来る道すがらやっと見つけた三人目の人である。

少年時代

その草刈り機もなかった明治時代の後半、年表では日清戦争と日露戦争のはざまの一九〇〇（明治三三）年に杉原千畝の人生は始まっている。この年には、パリで万国博覧会が開催され、エッフェル塔が建てられ、祝祭ムードが高まるが、国内では足尾鉱毒被害に端を発する流血事件が起きている。また日清戦争後ヨーロッパ列強から半植民地化されていた隣の清国では、義和団の乱を鎮圧するヨーロッパ列強の連合軍が北京を占領している。日本も連合側で出兵している。その後も、国内ではストライキ、争議、暴動など、急激な産業の機械化に影響を受けた社会問題が次々に発生し金融恐慌も起きている。そういう世相ではあったが、税務官吏という安定した職業を持つ親の庇護のもとに千畝はすくすくと成長した。

一八七二（明治五）年に学制が施行され、千畝の育ちざかりの明治後期には八月いっぱいの夏季休業（夏休み）が既に制度として定着していた。[*15] 宮崎県文書センターに保管されている「明治時代後期の尋常小学校における夏季休暇」に関する公文書によると、「夏季休業児童心得」として、

朝はやく起きること

毎朝冷水まさつを行うこと

毎朝勅語を奉読すること
毎朝すずしきうちに復習を一時間以上すること
宿題をきまりどおりになること
日誌を怠りなく記しておくこと
ひとりでは水泳にゆかぬこと

と示されている。「勅語の奉読」と「冷水まさつ」を除けば、家庭での過ごし方や宿題など、学校側の提示する方針の基本は現在にいたるまで大した違いはないようだ。

千畝の生家の当主、岩井錠衛さんの話では、杉原一家は、勤めのある父を除き、八月には毎年ひと月も岩井家に滞在したそうだ。家父長制の時代である。子供たちにとって、煙たい存在の父と離れ、祖父母や伯父伯母、従兄弟たちと暮らすのは、新鮮な経験だったに違いない。あるいは、後に一家が朝鮮の京城の父のもとに引越をしたことから推しはかると、父は一九一〇年の日韓併合に向けて既に朝鮮総督府勤務となって単身赴任中だったのかもしれない。その間、「里帰り」中でもある母やつは、実家で肉親を気遣い、機織りなどしながら、子供たちの面倒を見ていたそうだ。「よく働く人だった」と、錠衛さんは、父親の順次さん

(やつの甥)から伝え聞いていた。

やつは岩井為吉の三女として、[16] 一八七八(明治一一)年七月に八百津で生まれた。一八七〇年代には明治政府が廃藩置県を実施、廃刀令を出し、太陽暦を採用した。新橋・横浜間に鉄道を開通させるなど、近代化を矢継ぎ早に推し進めた、いわゆる文明開化期である。また佐賀の乱、秋月の乱、萩の乱、西南戦争などが起きた動乱の時期でもあった。この激動の一〇年間はさらに、津田梅子ら五人の女子留学生がアメリカに派遣され、[17] 女学校が設立されるなどの女子教育の黎明期でもある。ただし時代の恩恵に浴した娘たちは恵まれた階層の一握りに過ぎず、多くは家庭にあって文明国民創出という国家的課題に応える賢母を作り出すのが女性に開かれた教育という時代だった。[18] ちなみに、歌人与謝野晶子もやつと同じ年の生まれである。

江戸時代の終焉から一〇年を経て、武士に保障されていた経済基盤を失ったやつの生家岩井家も、時代の変化に翻弄されていたに違いない。それでも、置かれた状況で、日々の務めをきちんと果たす武家の習いの中で子らを産み育てたのではないだろうか。写真[19]で見るだけだが、やつは楚々として美しい上に、凛とした風情が伝わってくる。

やつは、一八九五（明治二八）年、一七歳で、同じ八百津生まれで姓も同じ岩井好水と結婚する。翌年に好水が尊敬する杉原家を再興するために妻帯のまま養子となったので、好水とともに「岩井」から「杉原」姓になる。一九歳で長男豊秋を、二二歳で次男千畝を生み、生涯で五男一女に恵まれている。母となったやつは、おそらく、子供への語りかけや、泣く子への慰めにいたっても、言葉を選び、厳しさの中に愛情ある態度で臨んだ女性だったのではないだろうか。千畝たち兄弟は、父や母が交わす大人同士の挨拶や会話、問題を抱えた人に対する振る舞い方など、折々の親のたたずまいから、礼を尽くして信頼を得ていく人間関係の成り立ちを、傍で見聞きしながら成長したのではないだろうか。

夏休み

千畝は五人兄弟（末っ子で長女の柳子はまだ生まれていない）の次男坊、利発で体格もいい。宿題が済めば、やることは男の子の遊びである。あぶないことほどわくわくしたに違いない。
何人で遊びに出たかはわからないが、末弟の一成はまだ幼く母と家に残ったとしても四人

八百津町北山の棚田

いる。誰かが欠けても三人いれば十分だ。運よく従兄弟が加わったなら、なおにぎやかだ。七五歳の千畝が顔をほころばせて「もう、そこらじゅう駆け回った」と述懐したように、まずは年長者が棚田のあぜ道を、風を切って駆け下りたとする。誰かがすぐに後を追い、皆が走り出し、負けまいとして競争になったかもしれない。幅も狭く、凸凹もあるあぜ道を駆け下りながら、加速するスリルも覚えただろう。転ぶ子もいただろう。勢い余って田んぼに突っ込んだ子もいたかもしれない。普段は静かなこの山里に、毎年八月になると、町からやって来た彼らの声があちこちでこだましていたに違いない。

棚田から山を下る途中、東の方には五宝の滝もある、生い茂った草木をかき分けながら、せせらぎを聞き、浅瀬を渡り探検に行ったかもしれない。滝の水の冷たさは皆が憶えていただろう。山里である。生き物との遭遇はつきものだ。魚や虫を見つけては夢中になって追い回し、蛇には竦《すく》み、牙をむく野良犬からは一目散に逃げたに違いない。兄弟、あるいは従兄弟たちと木に登り山やあぜ道を駆け回り、草いきれにまみれ、泥んこになって、声を張り上げて互いを呼び合い、腹を抱えて笑い転げ、怪我をしては痛がり、喧嘩をしては悔しさに泣いたこともあっただろう。時にはいたずらが過ぎて畑仕事をしていた大人から叱られたこともあったはずである。親への秘密もできたかもしれない。

木曽川もある。成長するにつれて近くの荒川では飽き足らず、水を湛えて流れる木曽川にも挑んだかもしれない。現在、八百津の町中を縫って流れる木曽川

八百津町北山の棚田

はダムで水量が調節されており、水面は静かで、遠目には流れていないようにも見える。だが、水面下の流れは勢いが強いそうだ。地元で生まれ、ずっと地元で暮らすタクシーの運転手さんは、子供の頃、木曽川を泳ぎ渡ったことが自慢のようだ。「まっすぐ泳ぎ渡るのは結構難しい」と言っていた。千畝たちも泳いでいたら、身体が流されそうになったかもしれない。溺れそうになったかもしれない。森の香をたっぷり含んだ水の記憶も、兄弟の心に刻まれていたのではないだろうか。

夏空の下、子供たちは毎日、思う存分遊んで過ごした。夕方には腹をすかせて口数も減り、あぜ道を辿りながら母の元へと帰っただろう。風呂に入り食事をして、夜は枕を並べてぐっすり眠ったことだろう。彼らの身体は間違いなく鍛えられ、五感は大いに研ぎ澄まされたに違いない。

税務官吏だった父、好水の転勤に伴い、千畝は一九〇六年に岐阜県中津尋常小学校に入学したが、一年だけの在籍で二年生時は三重県桑名尋常小学校に転校、さらに愛知県古渡《ふるわたり》尋常小学校（現・名古屋市立平和小学校、中区）[*20]に転校している。現在はＪＲ東海の金山駅から徒歩十分ほどの都市にあり、隣は公園で静かな環境が保たれている。だが、千畝の転校がこの地でとまっていることから考えると、既に京城の総督府勤務だった父親の教育上の配慮もあったのか、この北山の自然豊かな環境での、ひと月に及ぶ夏休みは毎年変わらず守られた。これは千畝たち兄弟の心を落ち着かせたに違いない。八百津の記念館には、学科は無論のこと、体操まで全て「甲」の千畝の成績表と、三年次と四年次に愛知県より授与された「操行善良学力優等」の賞状が展示されている。それから三〇年後の夏に千畝は日本の外交官として第二次世界大戦下のヨーロッパにおり[*21]、ナチスのユダヤ人狩りから逃げてきた群衆と遭遇し、ビザ発給で厳しい選択を迫られることになる。だが、まだ二〇世紀初頭の、日本では明治の終わりの頃、小学生だった千畝は生きる喜びを味わい尽くしていた。

中学生

杉原千畝は一九一七（大正六）年、愛知県立第五中学校（以後「旧制第五中学校」または「五中」とする）を卒業する。[*22] 古渡尋常小学校以来一〇年間を名古屋で過ごしたことになる。千畝の甥杉原直樹さんの記憶によると、五中卒業の前年一九一六年に、千畝の家族は当時日本の植民地であった朝鮮の京城に引っ越した。[*23] そこは朝鮮総督府財政部に出向していた父好水の赴任地だった。千畝は中学の最後の一年を家族と離れて暮らした。「外務省留学生試験合格談[*24]」（以後「合格談」とする）には、中学時代についての記述は少ない。「金鯱で名の高い中京の東郊に新しく聳《そび》ゆる某県立中学をば今より三年前、大正六年の春、運動場の周囲一杯に作られた尾張大根に名残りを惜しんで、不安げに世の中に押し出された（……）」と書かれている程度である。なお、当時では珍しいことではなかったかもしれないが、千畝は古渡の家から五中までの片道約四・五キロメートルを五年間歩いて通った。現在、顕彰活動を担う平和小学校と愛知県立瑞陵高校を結ぶその道は「杉原千畝人道の道」と命名されて銘板が設置され、千畝の遺徳を偲んでいる。[*25]五中の卒業生によると、五中の校舎は現在の瑞穂ヶ丘中学や名古屋経済大学高蔵高・中の地にあったそうである。千畝が中学卒業後、京城（現在のソウル）の親許に帰省すると、父が医学校の入試手続きを済ませて待ちかまえていた。医者になりたくなかった千畝は入学試験場で白紙答案を提出して帰宅し、父の怒りを買う。父に「それならば家を出て働け」と言われ、東京に出て一年ほど浪人暮らしをした後、「中学だけではとても人と交わって話ができない」と悟り、当時無試験で入学できた早稲田大学高等師範部（現教育学部）英語科予科に籍を置く。このように父に背いてでも自分の意志を貫いた千畝には次男に共通する性格の特徴が見られる。特に旺盛な自立心などは後の彼の行動の根底にいつもあったのではないだろうか。

都の西北

英語科を選んだ理由は、「合格談」に「(……)私は元来英語が他の科よりも余程好きで、英語を毎日喋る職業に就くのが何だか開けている人間のすることのように思われて、(……)」と記されている。勘当同然の身である。親からの仕送りはなかった。幸い大学の休みが多く、段ボール箱の糊づけと組み立て、塗料会社の釜炊き攪拌、英語塾教師、区役所の散水作業、郵便物収集、新聞配達、牛乳配達、沖仲仕《おきなかし》などのアルバイトで学資と生活費を稼ぎ出すことになる。そして学生生活二年目の五月下旬、大学控室で偶然目にした地方紙で、「外務省官費留学生試験」が七月三日から実施されること、また合格すれば、「英独仏の三か国語を除く外国語を学費官給で三か年学び、後に外務省の外交官になれる」と知る。

杉原は受験を決意した。一か月の準備で無事試験に合格する。自分で計画を練り勉強方法を「案出」[*26]し、集中した効果も大きかったに違いないが、彼は早稲田入学一年目にして、働きながら、にもかかわらず、既に確かな学力を培っていたようだ。「合格談」に書かれている外国語、法学、国際公法、経済学、世界史などの受験科目のうち、外国語の、英語の受験勉強方法についての箇所を読むと、その習熟度の高さが明らかである。

（……）毎晩新聞の社説を英訳した。而して日曜日は半日図書館（早稲田大学）に入って、ロンドンタイムス、デイリーメールの両紙を始め、米国発行の数雑誌を片端から全速力で閲読した。この新聞を読む際などは、殆ど辞書を開き見なかったというのは、分量をできるだけ多く読めば、同じ意義不明なる字に二三回も出会い、自然文の前後の関係で推察が出来るようになるからである。自分がこの忙しい勉強の間で辞書をひく手数を省くことによって力あったのは、学校で接頭語（語でないから接頭語というのは不穏当であるというのが恩師岸本教授の説）、接尾語のことについて詳しく学んでいたことで、諸君も大いにこの接頭及び接尾を早く研究せられて、一時間と過ぎないうちに、何百という新単語を知得されんことを希望する。

（「合格談」より）

晩年の手記[*27]に、母校について杉原は、「一八八二（明治一五）年に、後に首相になった政治家、大隈重信によって創立された東京法律専門学校（正しくは東京専門学校――注）は、一九〇二（明治三五）年九月に早稲田大学となり、全国の秀才が剣を競っていました」と書いている。周知のとおり、東京専門学校を前身とする早稲田大学は創設時より「学問の独立」を基本理念とし、今にいたるまで「国家権力に屈しない自由主義と在野精神[*28]」を標榜する学府であり続けている。その伝統は杉原が籍を置いた大正時代の高等師範部においても、既に例外なく発揮されていたようだ。『名古屋大学大学文書資料室紀要』に掲載されている論文[29]に、明治後期以降のわが国の中等教育の発達に伴い教員の需要が高まり、官立学校だけに限られていた中等教員の養成が私学にも認められるようになったこと、卒業生全てが教員になったわけではないが、早稲田では特に、私学として独自の教育方針を持ち、個性ある教員が送り出され中等教育界に活気がもたらされることを理想として掲げていたことが書かれている。

この「画一主義」を嫌う早稲田の、雄々しくかつおおらかな校風は、当時の苦学生たちへの追い風であっただろう。アルバイトで忙しく、友人を作る暇もなかった杉原にとっても居心地がよかったに違いない。彼自身が「兎に角休みが多くて面白く、予科の一か年をば都の西北で育ち」、と「合格談」に書いている。杉原は親の薦めに背いて家を出ていた。早稲田で英語を学ぶと決めたものの、大学の休みだけでなく、毎日朝に夕に働かねば、学資を払えず学業を続けることはできなかったのである。杉原が「都の西北で育ち」と書いたのは、予科の一年で人生の厳しさに気づくのだが、それで打ちひしがれたりせず、まるで母校の精神を地で行くかのように、人として自立する気概をも養っていたからではないだろうか。

二〇〇八年一一月一三日付けの日本経済新聞文化欄に掲載された記事が、私に早稲田での杉原を知るもう一つの手がかりをくれた。「キリスト精神早稲田にも」と題した、早稲田奉仕園職員だった胡谷智子氏による記事である。そこには、『早稲田奉仕園百年史』の編集委員会のメンバーが古い資料に「杉原千畝」という名前を見つけたと書かれていた。それは、一九一七年創設の早稲田教会の前身、奉仕園の信交協会に入会した杉原本人の署名であるという。二〇一六年六月、私は奉仕園を訪ね、専務理事吉田博氏と総務シニアマネジャー西川嗣夫氏に会った。両氏から、完成した百年史に「ベニンホフ、早稲田奉仕園の一六年を語る」と題して、一九〇七年に来日し、翌年早稲田大学の講師に要請され、後に早稲田奉仕園を創設した米国バプテスト派の宣教師ハリー・バクスター・ベニンホフ（一八七四〜一九四九）の報告が載っていると教えていただいた。読んでみると、早稲田から示された任命の条件は、「宗教学」講師として「学生団体の発展に結びつくように働き、布教活動は大学の意向に沿っていれば自由にしてよい」ということだった。ベニンホフは、任命された喜びを「二〇〇人を超える教授陣がいて、うち一五人がクリスチャンである卓越した大学のその一人に私は任命されたのです。一九〇八年時点で学生は七〇〇〇人を超えていたのです。それだけではありません。その若者たちのために社会的、宗教的活動を自由裁量で行ってよい、とあったのです」と語っている。杉原が早稲田に入る一〇年前のことである。大学側の懐の深さに感じ入ったベニンホフはバイブルクラス、英語クラス、そして懇親のための集会などが開けるようにと学生たちを啓発する環境を整えた。彼の誠実さは学生たちに届いていたのだろう。年月を重ねるうちに、彼らから日曜日朝の宗教礼拝の要望があり、さらに「教会で説教を聴く」だけでなく、「自ら行う」人になりたい、奉仕活動を通じて指導者としての経験をしたいという要望があり、一九一七年に設けられたのが奉仕園信交協会である。

杉原は一九一九年二月九日、この奉仕園信交協会のメンバーになった。名簿を見るとその日は第五回入会日になっており、入会者は一五人である。六人目に書かれた千畝の墨字のサインは一世紀近く経った今も鮮やかである。日経新聞の記事を読んだ時、私は杉原の入会の動機を、信仰よりは英語の勉強のために、と思った。一般に宣教師の教える英語クラスの授業料は安い。英文学専攻生の聖書研究への関心からだったとしても、苦学生だった杉原には行きやすかったに違いないと考えたからだ。だが、奉仕園を訪ね、会員名簿の冒頭に書かれた「奉仕園信交教会憲法」[*30]を読むと、「本会の目的は奉仕、親交、礼拝等に依りて会員各自の基督教的人格の向上発展の奨励するにあり」と書かれている。これに同意してサインをした杉原を含む会員一七二人中、七六人が洗礼を受けている。[*31]杉原は洗礼を受けていないが、会には十分に厳粛な雰囲気が漂っていたと思われる。ところで、私はこの奉仕園のベニンホフから数代あとの宣教師ウィラー夫妻を知っている。一九八五年、夫の転勤により家族で暮らしたアメリカで親しくなった。[*32] 夫妻の知性、他者への優しさと自らへの厳しさを思い出す。

アルバイトと講義を行き来する毎日を送りながらも、この日、二月九日の日曜日、一九歳の杉原は、当時弁天町にあった奉仕園に来た。そして宣教師ベニンホフの人柄に惹かれ、自らを高めんとする意欲に満ちた若者たちとともにいて、「信交教会憲法」を読み、おもむろに筆を執り、名簿に署名したのである。

同年、留学生試験を突破した杉原は、九月に外務省より留学生辞令を受け取る。もとより彼自身の実力と努力で勝ち得たものだが、この留学生試験合格が彼の人生の大きな転機になる。留学を実現できた喜びはよほど大きかったようで、杉原の母校に対する評価は寛大である。生活苦から解放されたゆとりもあってのことか、「合格談」には、「のんきな早稲田」から「而も中々立派な語学の権威揃い」、また「破れた紋付羽織にノート二三冊を懐にねじ込んで、ペンを帽子に挟んで豪傑然と肩で風を切って歩くのが何よりの愉快であった」とまで書いている。ただ、自ら選んだ道とはいえ、学資を稼ぐ生活は相当堪えてもいたのだろう。杉原千畝研究会会員誌『せんぽ』八号三頁に掲載された写真を見ると、当時の杉原は、本当に瘦せて骨ばった顔をしている。また晩年の手記に、留学制度について、「私にとって、アルバイトをしないでも学問ができるこの制度は願ってもないことでありました」と書き残してもいる。

このように自ら決めたことには苦しくとも泣き言を言わず、創意工夫を重ねて堂々と道を切り開いて行く杉原の姿からは、彼の物事に対する見識の高さ、意志の強さが伝わってくる。一一月には早稲田大学で退学届が受理されている。在籍期間わずか一年半、早稲田在学中の、眩しいほどに逞《たくま》しい杉原の一面を見る思いがする。

ハルビン

杉原が官費留学生として渡航した先は、一九世紀末の東清鉄道の敷設にはじまりロシアが本格的な東方進出を目指して開発した街、中国東北部松花江右岸に位置するハルビンだった。杉原はスペイン語を第一志望としたが、希望者が多すぎて、ロシア語に変更した。辞令を受けて、他の留学生は各国の首都に行ったが、杉原を含むロシア語の三名は、時期がロシア革命の後であり「目下露国混乱」という理由から、[*33]ハルビンになったという。

現在であれば、ハルビンに行くには、例えば午前中に飛行機で成田を発ち瀋陽へ、瀋陽空港からバスで高速道路を経て瀋陽駅に移動し、高速鉄道[*34]を利用したとしても、日没前にはハルビンに着く。だが、一世紀近くさかのぼった一九一九年の秋、故郷八百津を後にして、汽車、船、汽車を乗り継いでやってきた杉原は一体どれ位の時間を要したのだろう。一九一五年から一九四二年まで大阪・大連線に使用された大阪商船会社の連絡船「はるびん丸」の神戸から大連への、海上での汽船航行時間は、門司寄港停泊を含めて六七時間三〇分という記録がある。[*35]「朝鮮半島を経由してハルビンへ」と書いた本[*36]もあるが、もし彼が「はるびん丸」に乗り同じ航路を辿っていたとすると、船だけでも三日近くかかり、さらに大陸を汽車で移動してハルビン駅に降り立ったと思われる。いずれにせよ、大陸へ渡るには数日を要したのだ。先述の「合格談」で、いよいよ留学生になった杉原千畝は、一九歳の青春真っ盛りの心情を吐露している。

（……）入哈したるは十月の中旬、北満の此の地に於いても、まだ暖かく非常に散歩に適していた時であった。当地には別に私等の入って学ぶべき露西亜語の専門学校はなく単に日本人側に夜学が開かれてあるのみ故、到着早々露人の家族と同居して露語に慣れることにし、更に毎日女の個人教師を雇って英語で文法を研究しているので現在では殆ど日用会話には差支えなく、露字新聞の拾い読みをも始めている。

何等領事館のほうからは勉強上制限を受けていないから、遊ぼうと思えば限りがない。領事館へは日に一度手紙を受け取りに顔を出す位である。其の度毎に目撃するが多くのロシア人を初め各国人が旅券の査証を求めに来るが、館に於いても露語を知るもの僅かに二三名に過ぎない有様で、如何に現在日本人間に露語習得者の欠乏しているかということがわかる。同時に彼等の需要の莫大なるを痛切に感じ、怠らず勉強最中である。

尚一言して置くが。哈爾濱は寒いといっても決して恐るるに足らない。厳冬の候でも、室内に於いては、却って日本より暖かで愉快である。来たれ、この謎の国露西亜へ！

杉原は、初年は夜学へ通い、翌一九二〇年には、徹底したロシア語教育を通して将来の対ソ外交、通商を担う若者を輩出することを目的として設立された「日露協会学校」（後のハルビン学院）に聴講生として通うことになる。*37「合格談」に書かれているとおり、彼は日露協会学校の正規の学生としては扱われていない。独立して行動する精神の強さと知力が欠けていれば、勉強についていけなくなることもあるはずだ。ところが杉原は、早稲田で体得したように、ハルビンでもまた、置かれた状況をむしろ好機として最大の努力をし、最高の生き方に突き進んで行く姿勢に磨きをかけたのである。同書によると、支度金一二〇円、旅費は二等級相当額[*38]が支給され、月給としておよそ一七〇円が支給されている。[*39]小学校教員の初任給が四〇〜五五円、国会議員が二五〇円の時代に、である。わずか五か月前には想像もできなかった保障された生活である。『六千人の命のビザ』（杉原幸子著、五一頁）を参照すると、この頃の杉原は、頬もふっくらし、良い仕立ての背広（スーツ）に身を包み、若いエネルギーに満ちて見える。

当時中国は、ヨーロッパ列強国に広大な国土が分割され、植民地として支配されていた。在瀋陽日本国総領事館の調べによると、杉原が日露協会学校で留学生活に励んだ一九二〇年代のハルビンには、欧米企業の支店が一〇〇〇件を超え、約一六万人の外国人が居住し、多くの欧風建築が建設されて「東方のモスクワ」「東方の小パリ」と呼ばれたそうだ。杉原を含む当時のハルビン在住の日本人にとってそこは、西洋文化との接点でもあっただろう。

日清、日露戦争に勝利し、遅ればせながら、さらなる覇権の機会を狙う日本側に身を置き、その野望拡張の一端を担う官費留学生でありながらも、杉原はまだ国策の中枢に巻き込まれてはいない。ハルビンで行き交う、ロシア人、ユダヤ人、朝鮮人、中国人などの立場も複雑に異なる民族の生きざまを肌で感じながら、彼の毎日は発見の連続であったに違いない。ロシア語の理解が進むにつれて、そこに暮らす人々と国籍を越えて人間同士としてつきあうこともできるようになる。外交官としての素養を身に着けるには、格好の環境だったかもしれない。杉原は間もなくロシア語を修得する。

母の死

『決断・命のビザ』（杉原幸子監修、渡辺勝正編著）によると、杉原は一九二〇（大正九）年一二月より、京城郊外にあった歩兵七九連隊で志願兵として軍事教練を受けている。学識のある若者に費用自己負担で志願させ、通常三年の現役期間を一年で済ませるというドイツの制度にならった「一年志願兵」である。その軍事教練のさ中の一九二一年八月八日、母、杉原やつは、父、杉原好水の任地、京城で亡くなった。四三歳だった。幸子夫人の著書[*40]に、千畝が母の訃報に接した時のことを思い出し彼女に語る場面が書かれている。

（……）銃を持って教練をしていても、涙が流れて止まらなかったそうです。身体の力が抜けて、銃を持って走ることができない。教官に叱られるのですが、どうしても走れない。彼の目には涙が光っていました。地主の娘であったということですが、お母さんは美人で聡明な方だったそうです。千畝さんは、そのお母さんを尊敬していました。私には千畝さんの性格も、お母さんから受け継いだものと思えました。（……）

記録によると、[41]杉原やつの葬儀は翌八月九日夕刻京城三丁目浄土宗開教院にて、会葬者「無慮（おおよその意味――注）三百名」と、盛大に執り行われたことが報告されている。また、「一般会葬者中岐阜県人会よりセメント会社社長と朝鮮総督府官吏、および第二十師団より歩兵第七十九連隊第九中隊長代理として陸軍歩兵特務曹長ならびに同隊一年志願兵総代として陸軍歩兵上等兵」が参列しており、「天蓋付花車、院下燈籠、錦旗、色旗、名旗、放鳩、箱提灯、散り花、定紋入高張」などが飾られ、「頗《すこぶ》る壮麗にして行列の三丁余（一丁は尺貫法で約一〇九・〇九メートル――注）に渉るは当地に於いても稀に見る盛大なる儀式なりき只遺憾なりしは大形写真版中に寺院境内に充満せる会葬者の大部分を併せ収撮し得ざりしことなり」と書かれている。

一九一〇年の日韓併合の時点で既に韓国には一七万人を超える日本人が移り住んでいたという。[42]総督府が置かれていた京城は特に日本人が多かった。一九二一年八月に亡くなったやつの葬儀の記録からは、併合から一一年経ち、当地での植民地政策にもそれなりの落ち着きが見られた頃だったのか、支配階級である在留邦人にとっては内地よりも暮らしやすい環境が整っていた様子がうかがえる。葬列が三〇〇メートルという盛大な葬儀とは、喪主、杉原好水の総督府官吏という地位や、内地での親戚づきあいから遠のいていた日本人同士の外地[*43]ならではのつきあいの濃さも反映してか、多くの人が、杉原やつを偲んで葬儀に参列したと思われる。あるいは現地の習慣を受け入れ、葬儀を盛り上げる「泣き女」[*44]なども加わったのかもしれない。おそらく当時外地にいた多くの日本人が、他国を支配するなどという政策の尊大さを危ぶみながらだったとは思う。だが、朝鮮のみならず台湾でも、満州でも、後に大連に暮らした私の家族も例外でなく、外地に移り住んだ日本人の多くが、現地の人々に対して、後ろめたさとともに優越感を抱いて生きていた時代の空気が伝わってくる。杉原千畝もまたその時代を生きていた。

満州里

一九二二年、杉原は満期除隊後の四月には再びハルビンに戻り、領事館の手伝いをしながら日露協会学校の特修科で学ぶ。留学生がハルビンに固まりすぎるとの指摘を受けて、特修科を修了した一九二三年三月、杉原はハルビン北西八〇〇キロの満州里[*45]に転学する。中国の地図を見るだけではさほどの距離に感じないが、八〇〇キロ離れるとは、日本国内なら、東京から広島か札幌に移るようなものである。ここでも杉原は個人授業と独習で励んだロシア語の総合点で九〇点を採り、満州里領事代理から「正確優秀」と評されている。なおこの年の九月一日、日本では関東大震災が起きている。死者・行方不明者合計一〇万五三八五人、住宅被害棟数合計三七万二六五九棟という甚大な被害が生じた[*46]。

北のロシアとの国境線まで五四キロメートル、シベリア鉄道と接続する東清鉄道の中国側最初の駅、満州里駅のある町である。東清鉄道は満州建国後に北満州鉄道と改称され、後に、ソ連政府との間での譲渡交渉[*47]では杉原も交渉団の一人として外交手腕を発揮することになる。一月の平均気温が零下二三度という国境の町の光景は、留学期間の最後の一年を過ごしていた若い杉原の目にどのように映っていたのだろう。

外務省書記生

一九二四年二月、満州里で留学生活を終えた杉原は、今度は晴れて外務省書記生として満州里の領事館勤務となる。そして杉原はハルビンで知り合った白系ロシア人、[48]クラウディア・セミョーノヴナ・アポロノヴァに合わせてロシア正教の洗礼を受けて結婚する。[49]そして二人はハルビン駅に近い海城街に新居を構えた。杉原の教え子たちが訪ねると夫人は日本語で出迎え歓待してくれたそうである。[50]同年一二月ハルビン勤務に任命され、翌年一月にはハルビンに戻る。

千畝は駐ハルビン総領事館書記生として勤めながら研鑽を積んだ。二六歳で、ロシア革命直後のソ連の産業や農業についての詳しいデータを交え、六〇八頁にも及ぶ『ソビエト連邦国民経済大観』と題した報告書を提出する。一九二七年には「執務上の参考に資すること多大なるを認め、これを剞劂《きけつ》に付す（出版するの意――注）」として外務省より刊行され省内に配布されている。現在、これは麻布の外務省外交史料館のショーケースに保管展示されている。また、一九二九年には日露協会学校で講師も務め、全学年のロシア語文法、時事読解、ソ連邦政治経済事情講座、ロシア語講座などを担当している。当時の日本のロシア語教育の最高峰といわれた学校で教える側に立ったのである。二〇一三年四月一六日に東京・八王子の高尾霊園で開かれたハルビン学院記念碑祭での麻田平蔵氏のあいさつによると、同校（後に改称してハルビン学院）からは、杉原を含むロシア通の俊英が一四一二名も巣立ち、後の日本社会に貢献する一翼を担うことになる。だが、一九二八年に関東軍が張作霖《ちょうさくりん》爆殺事件を起こし、時代の空気は軍事色に染まっていく。

満州国外交部

日露戦争の後、ロシアの権益を受け継ぎ、遼東半島の関東州と南満州鉄道の守備隊として駐留していた関東軍は、次第に独裁色を増し、一九三一年には柳条湖事件を起こし、一九三二年にはハルビンを占領して、三月一日満州国[*51]独立を宣言する。

杉原千畝三二歳の三月一七日、大橋忠一駐ハルビン総領事が満州国外交部へ移籍する際に「松本及び杉原書記生を伴いたい、両名を副領事もしくは通訳官に昇進、満州国を去る場合は本省に復帰できるよう配慮を願う」旨の意見書を芳沢謙吉外務大臣に提出する。大橋忠一は杉原と同郷の岐阜県出身の外交官だった。

満州国外交部へ移る前に、杉原は妻クラウディアとその母も伴い岐阜県八百津へ帰り、同年五月三日には、親族を招待し船を借り切って木曽の川下りを楽しんでいる。「日本奥ライ

ン　蘇水峡[*52]　杉原副領事帰朝記念」と、自筆の文字が残っていることから、杉原は上司である大橋の思惑どおりに副領事に昇進したのである。中学時代から英語は得意だったが、はじめから外交官を目指していたわけではなかった。[*53]代々が外交官という家系でもなかった。早稲田大学に通いながら生活苦から外務省の官費留学生試験に合格したことで、外交官への道が開けた。彼はハルビンでロシア語を一から学びマスターした。一〇年で総領事館勤務のかたわら母校で講師を務めるまでに実力をつけた。傀儡国家とはいえ満州国外交部に引き抜かれ副領事という肩書を得て、文字どおり「故郷に錦を飾った」のである。時の勢いに乗っていたには違いないが、「副領事杉原千畝帰朝記念」という千畝自身の筆書きを見ると、彼の誇らしさと茶目っ気が伝わって来る。「日本ライン下り[*54]」は、その数年前には昭和天皇はじめ皇族たちも楽しんだことからブームを呼んだ、当時の少し贅沢な観光だったと思われる。写真を見ると船頭三人、千畝夫婦と父好水も入れて総勢一二人が一艘に乗っている。結婚して既に八年経ったこの時、千畝のロシア人の妻のお披露目を兼ねた帰郷だったかは定かでないが、父と亡き母の里であり、自身の生まれ故郷である八百津、そして、そこに縁のある人々を大事に思う杉原の実直な人柄が伝わってくる。既に大陸では満州国建国の熱気が渦巻いていたのだが、この時ばかりはつかの間の穏やかなひと時であっただろう。なお、翌日五月四日には、上京途中に名古屋新聞（中日新聞の前身）本社を夫妻で訪ねている。[*55]

そのわずか一二日後の五月一五日、犬養毅首相が武装した海軍将校たちに暗殺される。犬養首相は護憲派の重鎮であり、日本は中国から手を引くべきと言い、満州国承認を渋っていた。この、いわゆる五・一五事件で政党内閣は崩壊に向かい、軍国主義の勢いはいよいよ増していく。六月一一日付けで杉原は満州国外交部特派員公署事務官に任命される。

この頃、ヨーロッパ大陸でも、一人の偏執狂のリーダーであるアドルフ・ヒトラーが熱風を巻き起こしていた。一九三二年七月三一日、ドイツでは民主主義の名の下に総選挙でナチスが第一党に躍進した。

北満鉄道交渉

杉原が満州国外交部へ出向した翌年、一九三三年一月三一日にはヒトラー政権が成立し、三月二七日、日本の国際連盟脱退に続きドイツも国際連盟を脱退する声明を出した。

同年六月二六日、満州とソ連の間で北満鉄道譲渡交渉が始まる。戦後、衆議院議員となった大橋忠一が「ソ連の東清鉄道買収の経緯[*56]」として語ったところによると、「初顔合わせは日本政府の仲介によって、東京の外務次官官邸で、満ソ両国側全権委員（満州国側は丁士源駐日公使と大橋忠一、ソ連側はユレネフ駐日大使とカズロフスキーソ連外務委員会極東部長――注）の四名、それにオブザーバーとして陸軍省軍務局渉外班長の鈴木直一中佐が立ち会った」とされている。また佐藤元英氏[*57]の研究によると、鈴木中佐に加え、「ソ連側の希望で日本政府よりオブザーバーとして西春彦欧米局第一課長が正式会議に出席することになった」という。

六月二七日付けの大阪毎日新聞に「日・満・露の挨拶（北鉄譲渡交渉）」の大見出しに続いて、前日の北鉄譲渡交渉初顔合わせの席上における内田康哉外務大臣[*58]の歓迎の挨拶ならびに、駐日ロシア大使ユレーネフ及び満州国公使丁士源の挨拶文が載っている。当時の日・満・ソの、それぞれの立場がわかりやすいので小見出しと内容の一部を抜粋する。

「内田外相極東平和上交渉達成を希望　喜んで両国間を斡旋《あっせん》」

内田は、「譲渡売却の提議がソ連側から日本政府に申し入れられたので、日本は仲介斡旋の労をとること、交渉が東京で行われることは平素ソ、満両国のいずれとも緊密の国交関係にある当国政府としては嬉しい」などと話している。あくまで第三者然とした振る舞いである。

「適切な条件で円満解決を　双方胸襟を開きたい　丁満洲国公使」

丁公使は、「北満鉄道は旧帝政ロシアの極東政策の遺物であり、極めて不自然な形で存在することはソ満両国間に紛議を醸成しやすいので、経済的価値は微妙であっても条件が適当ならソ連の権利を譲り受けることに異議はないと述べている。本件を円満に解決し、極東平和への貢献と日本国政府の斡旋を徒労に終わらせないようにしたい」と、ロシアと日本に翻弄される複雑な思いを秘めながらも日本に気遣いを見せている。

「帝国主義的目的なし　喜んで北鉄譲渡　ユ露国大使」

ユレーネフ大使は、「ソ連政府は満州事変の勃発当初より厳正中立かつ絶対不干渉の政策を維持し日本の利益を考慮するとともに相互に条約上の義務を厳守しかつ互いの権益を尊重する基礎の上に自己の隣国との善隣関係を保障せんとするの幾多の証拠を与えたり（……）ソビエト政府は日本政府に対し北満鉄道売却の方法により同鉄道問題の根本的解決を成すため交渉する用意あることを通報せり（……）」と、大国としてのプライドが文語調の訳と相まって強調されて伝わる。

先述の大橋忠一の「ソ連の東清鉄道買収の経緯」によると、ソ連との第二回会談は六月二八日で、買収価額の問題が協議された。ソ連側が買主の満州国側から切り出せと言い、大橋は売り手から切り出すのが常道と言い、おしくら饅頭になり、埒《らち》が明かないので大橋が「日本式のジャンケンポンで双方同時に価額を出そう」と申し出た。「ジャンケンポンの通訳には練達な通訳官も困ったらしいが、ヤッと通訳すると、ソ連側も大笑いして、次の第三回会談で双方同時に価額を出そうということになった」と書かれている。七月三日の第三回会談では価額が同時に提示された。ソ連側が二億五〇〇〇万ルーブル（六億二五〇〇万円）、満州国側は日本貨で五〇〇〇万円だった。

交渉中断

一九三四年八月一五日付けの東京朝日新聞一面と二面に、双方に妥協点が見出せず、譲渡交渉が中断した折の関連記事がある。少し長くなるが、満州国代表団の一人として杉原千畝の名前が載っており、交渉の過程の一端をうかがい知れるのでここに抜粋する。

一面には「折衝一年二ヶ月　大橋代表引揚ぐ　北鉄交渉の前途暗し」という見出しで、北鉄

（北満鉄道の略）譲渡交渉に関し、駐日ロシア大使ユレニエフ氏に東京引き揚げの強硬決意を通告した満州国側代表大橋外交次長が、森氏、烏氏、杉原（千畝）氏、兪氏を含む四人の代表部団員とともに、一四日午後七時三〇分東京駅発列車で満州国へ帰国することになったので、同日午前一〇時外務省を訪ね東郷欧亜局長はじめ各局長に帰国の挨拶をし、引き続き陸軍省に出頭、軍首脳部と会見し、譲渡交渉に関して東京引き揚げを決行する事情を述べて挨拶をしたことが書かれている。

その続きとして二面に「露国側に遺された最終的提案の余地　廣田外相一縷の期待」という大見出しと「露国も新提案で譲歩の意味を暗示　大橋代表車中で語る」という小見出しに大橋忠一氏の写真が入り、東京駅を出発した列車内でのインタビュー記事が載っている。大橋は「（……）何もおどかしや駆け引き上の芝居のために引揚げを通告したものではない。（……）ロシア側もその新提案でゆずるような意味のことをほのめかしていたが、満州国としては廣田外相案がそのまま受諾されない限りは如何ともなし難い。満州国側から言えば廣田案でも負担は余りにも多く、これを受諾するとせば勢い巨額の公債を発行し自然そのはけ口を日本の市場に求めなければならないが赤字公債で飽和している日本に果たしてそんな余裕があるかどうか大きな困難が伴っている。**廣田案は十分検討して出来上がった案だけに妥当かつ公正なるもので、あらゆる角度から見**

て無理がなく満洲国としても無理を押して進んで受諾を考慮しているもので、最早これ以上一歩も譲ることの出来ない最後的のものである。もしロシアにして真に誠意をもって交渉をまとめんとするの意思があるなら廣田案に対してどうしても再考慮を払う必要があろう」（太字は引用者による）と述べている。

この記事でわかるが、仲介斡旋役である日本の外務大臣は、交渉開始後三か月の一九三三年九月一四日で内田康哉から前駐ソビエト連邦特命全権大使の廣田弘毅に変わっている。大橋代表が満洲国側から提示した案を「廣田案」と言い、「十分検討して出来上がった案だけに妥当かつ公正なるもので、あらゆる角度から見て無理がなく（……）」と相当な自信をもって述べている。この案の作成に尽力したのは大橋とは同郷の部下、杉原千畝であり、交渉の仲介役はソ連大使経験者で、この交渉成立の翌年には内閣総理大臣[*59]になる廣田弘毅である。これ以上ないとも言えるブレーンに支えられた大橋の、ゆとりある真情がうかがえる。この列車内での朝日新聞のインタビューを、おそらく近くの席で揺られながら聞いていた杉原の表情をあれこれと想像する。

なお、交渉が難航していた一九三四年、満洲国では三月一日、愛新覚羅《あいしんかくら》溥儀《ふぎ》が皇帝に、ドイツでは八月一九日、ヒトラーが総統に就任する。ソ連は九月一八日、日本もドイツも既に脱退した国際連盟に加入する。世界の情勢は目まぐるしく動いている。

交渉成立

交渉は開始から三年目の一九三五年三月二三日、調印にいたる。この間、杉原は外交部理事官、外交部政務司俄国（ロシア）科長兼計画課長に就任しながら交渉団員として活躍した。譲渡金額はロシア側が希望した六億二五〇〇万円から、ソ連側の妥協額一億四〇〇〇万円に従業員の退職金三〇〇〇万円を加えて一億七〇〇〇万円で決着した。

満州外交部[*60]で杉原の後輩であり、同じ岐阜県出身だった笠井唯計氏が残した一九九二年五月の書簡[*61]から抜粋したい。「杉原さんは北鉄買収交渉の随員でしたが、主としてハルビンにあって対ソ連諜報、特に北満鉄道の状況につき極めて詳細かつ正確な情報を蒐集され、交渉が有利に解決したのも杉原さんの活躍があったといっても、過言ではないかと思います」。

満州全土の主要鉄路を手に入れて沸き返る関東軍が、この二年一〇か月にわたる交渉を成功に導いた陰の立役者・杉原千畝を見逃すはずがなかった。ハルビン時代から晩年まで杉原と親交のあった志村儀亥知氏の証言によると「杉原は破格の金銭的条件で、関東軍の橋本欣五郎[*62]からスパイになることを強要されていた」という。杉原自身は交渉の成果に酔うどころか冷徹そのものだった。自身で「杉原へは多額の工作費提案あり、一切拒否した」というメモ[*63]を残し、さらに、満州国外交部[*64]に出向した三年間の心情を「驕慢、無責任、出世主義、一匹狼の年若い職業軍人の充満する満州国への出向三年の宮仕えがホトホト厭になった」と、晩年手記に残している。

日清・日露という日本が勝った戦争のはざまに生を受け、日本が勢力を保っていた時代の追い風を受けて成長したとはいえ、杉原が実力ある外交官になれたのは彼の資質と人一倍の努力の結果に違いなかった。だが満州事変を境に、時代も状況も大きく変わった。満州国外交部での杉原を取り巻く環境も関東軍軍人が主導するものとなり、その節度のなさは杉原にとって受け入れ難いものだった。さらに、彼らは、鉄道交渉に全力であたる杉原に、妻がロシア人であることからロシアに通じていると疑いを向け、家庭生活をも脅かすようになっていた。夫婦の間には亀裂が生じ、双方に身の危険も迫る。杉原は妻に一切の蓄財を渡し別れる。

この時期の杉原を支えたのは、三年前、満州国外交部への出向に際して当時ハルビン総領事だった大橋忠一が当時の外務大臣吉沢謙吉に提出していた、「（満州国外交部から）退職後は外務省に復職できるように」と配慮した意見書だったのではないだろうか。先述の笠井氏の書簡に「杉原さんがハルビンを去られたことについての真相は余り知られておりませんが、私の知る限り、憲兵隊の圧力があったことです」と書かれている。杉原は、提案というよりは恫喝《どうかつ》にも等しいスパイへの誘いを拒否し、「外務省へ復職する」という固い決意で、彼にとっては不条理な渦から脱出した。

一九三五年春、杉原は通算一六年を過ごした中国大陸を後にした。この時期杉原は確かに東京に「帰朝」している。[*65] 杉原が一九三五年三月一六日、東京の京橋・明治屋で開かれた母校五中の同窓会に出席しているか

旧満州国国務院（中国長春）

旧関東軍司令部（現中国共産党吉林省委員会、中国長春）

らである。「五中OBの熱い歓迎会」「外相も嘱望されたホープ」などの小見出しで、北満鉄道交渉で活躍した杉原へ出席者から熱いエールが送られたことや、杉原が恐縮して「ロシア課長として当然の下回りの役を勤めただけ。ご紹介はチト過分」と言ったことが書かれている。その日の出席者全員の写真に五中一回卒業の江戸川乱歩もいる。

杉原が三年間所属した満州国外交部の建物[*66]は、二〇一三年現在でも中国吉林省長春市の市街地にあり、フランスの財団による設計施工のその建物は継ぎ足されて少し前まで「太陽会酒楼」という高級レストランとして使われていたそうである。長春には、他にも日本の国会議事堂を模した旧満州国国務院や、日本の城の天守閣を載せたような旧関東軍司令部の建物が残っている。その旧関東軍司令部は、現在中国共産党吉林省委員会として使われている。一九世紀からイギリス、フランス、ロシア、ドイツなどの列強国が植民地獲得のために中国にも侵攻し利益をむさぼり自国の構築物を遺したように、遅れて来た日本もまた、領土拡張の野望を遂げようとして侵略の証拠を多く残した。それは、杉原が青春時代を過ごした、ロシアの築いた街、黒竜江省ハルビンも同じである。通称七三一部隊で知られる関東軍防疫給水部本部跡は平房区にある。杉原が学び、教えた日露協会学校は、満州国建国により満州国国立大学ハルビン学院に改称したが、今は増改築され幼稚園になっている。ソフィア聖堂はロシアと日本が支配した時代の史料館になり、千畝も歩いた目抜き通りの中央大街・キタイスカヤは、休

休日のハルビン中央大街（キタイスカヤ）、2013年5月

日には当時のままの石畳の街に中国の人々の笑顔が行き交っている。

外務省復帰

一九三五年七月一日付けで杉原は日本外務省に復職し、情報部第一課に勤務する（当時の杉原の住所は、東京市豊島区池袋一－七二一となっている。出典は外務省発行『ソ連要覧』三二六頁の著者紹介欄より）。早稲田大学で外務省の留学生試験に合格して以来、一六年の歳月が流れていた。中国大陸で勉学と外交業務はこなした杉原も、東京で本省に腰を据えての勤務は初めてである。慣れるために真剣な日々だっただろう。同年暮れには懸案事項だったクラウディア・アポロノヴァとの協議離婚が成立した。

キタイスカヤにて　写真端から6、7人目は杉原千畝研究会代表渡辺勝正・千代子夫妻、右から2人目は著者（王平《ワンピン》氏撮影）

大陸を離れて一年後の一九三六年四月、杉原は知人の妹、菊池幸子と結婚し新しい生活をはじめる。それからまもなく、四月一一日付けの東京朝日新聞記事が杉原の次の任地を伝えている。「ペトロ領事館近く再開」という小見出しで「北洋漁業の開期を控え閉鎖中のペトロパブロフスク（ロシア東端カムチャッカ半島――注）領事館は近く開館することになったので有田外相[*67]は在オデッサ田中領事をペトロパブロフスク領事に転任せしむる事とし十日訓電した。尚ペトロパブロフスク領事館員としては杉原千畝書記生が任命され近く発令される筈」となっている。杉原は五月二一日に現地に着任する。[*68]

この年の二月二六日には、東京で陸軍青年将校たちがクーデターを起こし、大蔵大臣高橋是清、内大臣斉藤実らを殺害した。[*69]日本は、前年一九三五年九月「ニュルンベルグ法」を制定し、ユダヤ人の市民権を剥奪したドイツと一一月末に日独防共協定を結んだ。国の内外で軍靴の行進が聞こえてくる。

同年一二月、外務省は北欧の在ラトビア公使館に北のエストニア、南のリトアニアを兼轄させることになる。後に杉原が赴任するリトアニアである。

査証発給拒絶

外務省の仕事に戻り一年半ほど経った一九三六年の一二月二六日、杉原は二等通訳官に任ぜられ、在モスクワ日本大使館への赴任を命ぜられた。ハルビン時代に精魂を傾けて作成した報告書『ソビエト連邦国民経済大観』や、ロシア語講師の経歴、そして満州国勤務時の北満鉄道交渉での実績を想い起こせば、杉原にとってモスクワ勤務の辞令は、これまでの努力がようやく実を結んだようなものだったに違いない。満州国での居心地の悪さも、国際結婚の破たんで味わった苦い思いも乗り越えて、子供も生まれた新しい家族を守り、外交官としての職務を全うしようと決意を新たにしたかもしれない。

ところが、翌一九三七年二月四日、ソ連側は日本大使館に対し、杉原を「ペルソナ・ノン・グラータ」とみなし、入国査証の発給拒絶を通告して来た。「ペルソナ・ノン・グラータ」とは、ラテン語で「好ましからざる人物」の意味で、受け入れ国から派遣国に対して使う外交用語の一つである。これに対し、外務次官が駐日ソ連臨時代理大使を呼び出し、杉原への査証発給拒絶につき善処を求めるが、ソ連側は杉原とハルビン在住の白系ロシア人との関係を指摘しただけだった。収まりがつかない日本側は、二月二八日には、改めて重光葵駐ソ大使がソ連のストモニャコフ外務人民委員と会見し、杉原問題に善処を求めるが、ソ連側の態度は変わらなかった。

ソ連にとっては受け入れがたい存在とみなされた杉原自身は手記に「(……)北満州在任期間が余りにも長過ぎ、その間、ハルビンでの白系ロシア人との接触が、余りにも深くなり過ぎたことが、当然ソ連側に嫌われて、対ソ申請中のソ連入国ビザが下りなかったので[*70]」と書いて、先方から拒否されたことを受け止めている。

二月に会談をした重光葵駐ソ大使とストモニャコフ外務人民委員が知る査証発給拒否の理由説明が公開されたのは、最近になってからである。ロシア国立人文大学教授及びロシアホロコースト研究教育センター共同議長であるイリヤ・アルトマン氏による論文「ロシアおよび海外公文書館における「正義の人」杉原千畝に関する新たな文書の発見——国際協力の経験と展望[*71]」に、ロシア連邦外交史料館に保管されている杉原に関連する文書の中で、一九三七年二月二八日の重光・ストモニャコフ会見で説明された杉原への入国査証発給拒否の理由が、全文ではないが掲載されている。抜き書きする。

杉原は反革命軍のもっとも過激なグループと親しい関係にあった。わが国にとって敵対的な分子にとどまらず、犯罪分子とも関わりがあった。このような状況下の下で、杉原が（モスクワに）滞在することが両国間の友好関係促進に資することはありえない。（……）杉原への入国査証発給拒否は、大使に対する批判ではなく、日本との友好的な関係を願う気持ちから出たことである。大変残念ではあるが、大使にこれ以外の回答を示すことはできない、問題は最終的に決着したものとみなされるからである。最後に、杉原への入国査証発給拒否についての日本国大使館への説明は、礼節を尽くす気持ちから行われたものである。重大な根拠がある場合には、われわれは理由の説明なくしても、査証発給を拒否する権利があると考える。我々の説明は非公式に行われたものであり、この問題で日本政府とこれ以上話しを続ける気持ちはない。（……）われわれとしては、日本政府が反ソ活動を行っていた人物を我が国に入国させるよう求めていることに驚きを禁じ得ない。大使閣下には、このような人物の入国を拒否する権利に異議を唱えるべきでないことを理解していただきたい。

なお、会談を終えるにあたってストモニャコフは「杉原の入国は、両国の友好関係に資するものではありえない」と言明したと書かれている。

現在を生きる私たちは、この文書の公開で改めてソ連の立場に思いを巡らしながらも、北満鉄道交渉を頂点とする杉原の満州（事実上の日本）における働きが、日本を有利に導くために危険を冒し、時には命を懸けたものだったことを察することもできる。

しかし、当文書が「マル秘」の公印付きでロシア連邦外交資料館に保管された一九三七年当時では、同年八月一〇日付けの東京朝日新聞の「杉原通訳官の査証拒否　ソ連側強硬」という見出しで、「（……）帝国政府は爾来ソ連政府と折衝を続け外務当局では結局査証に至るものと楽観していた所ソ連の態度は意外に強硬で遂に査証を受けるに至らず外務省でも遂に断念のやむなきに至り杉原氏をフィンランド国駐在とすることとなし近日発令を見るはずである」という記事などが主な情報源だった。

ヘルシンキ

この記事のとおりに、二日後にフィンランド公使館への辞令が出る。まだ一歳にもならない長男を抱え、姉の手助けを兼ねてヨーロッパを勉強したいという幸子夫人の妹、菊池節子さんを加えての海外赴任である。ソ連領土を通れない杉原一家[*72]は、シベリア鉄道経由ではなく、横浜港から船で太平洋を横断しシアトルに着き、アメリカ大陸を横断してニューヨーク

杉原通譯官の査證拒否
ソ聯側強硬

本年五月モスコー駐在を命ぜられた杉原千畝二等通譯官に對するソ聯政府の入國査證拒否問題に關して、帝國政府は爾來ソ聯政府と折衝を續け外務當局では結局査證に至るものと樂觀してゐた所ソ聯の態度は意外に強硬で遂に査證を得るに至らず外務省でも遂に斷念のやむなきに至り杉原氏をフインランド國駐在とすることゝなし近日發令を見るはずである

また同時に問題となつてゐたオデツサ駐在領事館書記生に對する入國査證拒否問題及び北洋漁業事務の爲め五月中に赴任すべき警察官であつたペトロパブロフスク駐在道正書記生の入國査證拒否問題も未だ全く停頓のまゝとなつて居り、北洋漁業は既に終了期に入り領事以下の引揚げも近いので道正氏は事實上今年は赴任し得ざることゝなつた

右はソ聯側の不誠意に基く不當拒否による事は勿論であるが外務當局がこの際聯氏の態度を示すことは日ソ關係が重大な折柄ソ聯側の不遜な態度を增長せしむる結果ともなるので外務省がよろしく強硬態度をとなつて帝國の斷然たる態度を闡明せしむべしとする要望が高い

極東軍肅正工作
反ソ運動撲滅を期す

【新京特電九日發】極東方面におけるソ聯の肅軍工作は依然敢行され極東軍各部隊より續々反ソ分子を檢擧しこれをハバロフスクに護送して銃殺又は極刑に處してゐるが、ソ聯當局は極東方面の反ソ運動が餘りにも根強い關係ある事を知り本月二日ハバロフスクの極東軍司令部の政治部員百數十名を直接工作員としてニコリスク、ウラヂオ方面に急派し各部隊を巡回させ反ソ運動の撲滅を期して居ると

ソ聯、大艦注文
英國側憂慮す

【ロンドン九日發同盟】ソヴエト政府と米國の會社との間に十大イ

東京朝日新聞記事（1937 年 8 月 10 日）

から船で大西洋に出てドイツの港へ、ベルリンから国際列車でオランダ、スイスを経て九月一五日ヘルシンキに着任した。既に七月、中国と戦闘状態に入った日本からの、外交官一家の新たな生活が始まる。[*73]

杉原がヘルシンキに赴任した翌年の、一九三八年四月一日に日本では、国家総動員法が公布される。前年七月に勃発した日中戦争に際し、総力戦遂行のために、国民徴用などの労働統制、物資、金融、報道の統制など、政府が必要と認めた場合は国会審議などを行わずに発動できる権限を政府が掌握したのである。

同じ年の一九三八年一〇月、杉原はドイツ大使の大島浩（一八八六〜一九七五）から直接「名前も身分も変えて隠密作業をやる」スパイ要請の打診を受けた。大島浩は岐阜生まれの東京育ちで、かつての陸軍大臣大島健一の長男であり、ドイツ式教育を受け、陸軍大学校を出た陸軍軍人である。駐在武官としてベルリンに赴任し、ナチス党上層部と関係を築き、陸軍中央部と提携して一九三八年には東郷重徳大使を退け自ら駐独大使となり、日独同盟の締結を推進していた。たとえそれがフィンランド管轄先のドイツ大使からの要望であった[*74]とはいえ、杉原はスパイになることを断った。

満州で橋本欣五郎少佐からもスパイになることを強要されたことがあった杉原は、実は、同年三月、杉村陽太郎駐フランス大使からも、二度までもスパイ要請を受けていた。ただ、この杉村大使からの要請は、本省の廣田外務大臣[*75]に、極秘電報で杉原を在仏大使館に転任させてほしい旨が書かれており、廣田外相は杉村大使からの申し入れを二回とも断っていた。杉原がこれを知ったのは戦後のことという。晩年の手記に杉原は「当時の日本では、既に軍人が各所に進出して横暴をきわめていたのであります。私は元々こうした軍人のやり方には批判的であり、職業軍人に利用されることは不本意ではあったが、日本の軍国主義の陰りは、その後のヨーロッパ勤務にもついて回りました」と書いている。

平時においても接受国の情報収集と報告は常に外交官の職務である。戦時体制下にあってはなお厳しく求められたはずである。ここでも杉原がきっぱりと断ったのは、当時の外務省のナチス党と距離を置く姿勢を踏まえてのことであり、個人としても「名前も身分も変えての隠密作業」を行き過ぎと考えたからだろうか。それでも私は、ナチの威光を笠に着たような上司大島大使に対して、杉原がひるむどころか冷静に振る舞ったことに、今更だが感心し胸をなでおろす。その真意について、杉原千畝研究会代表の渡辺勝正氏は、著書『真相・杉原ビザ』に「杉原は日本の外交官であることを誇りにした」と記している。

『六千人の命のビザ』（杉原幸子著）によると、ヘルシンキ公使館での杉原一家の生活は二年近く続いた。着任間もなく特命全権公使の酒匂秀一がポーランドに転任したので、杉原千畝は臨時代理公使としての役を務めることになった。ハルビンで既に外務省書記生として、満州国では副領事としての経験を積んでいた杉原は、英語、ロシア語はもとより、ドイツ語、フランス語も既に身に着け、外交官としての務めを果たしたが、幸子夫人は初めて外交官夫人として、ヨーロッパ式晩餐会、夜会、昼のお茶会などを経験する。語学だけでなく、さまざまなマナーやダンスのレッスンが日課になった。また、杉原は公使館つきの運転手が元自動車学校の校長だったことを知り、運転を習い、免許をとったそうだ。さらに、夫妻はオペラを鑑賞したり、歌手を招いたり、作曲家のシベリウスなど著名な芸術家にも会うなど、派遣国を代表しての社交にも忙しかったようだ。幼い頃から読書好きで文学少女を自認していた幸子夫人は、フィンランドの北欧独特の冬の美しさを感じとり、公使館の窓からの景色を「冬の湖に厚い氷が張り、その上を歩いて島へ行く人の姿が見えます。島の教会の鐘の音が氷の面を白銀の鈴を振るように響いてきます」と記している。この地で次男千暁さんが誕生している。ヨーロッパでの、ドイツによるユダヤ人迫害の激化や混乱の情報などを耳にしながらも、フィンランドはまだ静かで、一家は比較的穏やかに暮らしていたようだ。

杉原のヘルシンキ駐在中には、一九三七年一一月六日に日独伊防共協定が調印され、日独に続いてこの年一二月、イタリアも国連を脱退する。ヒトラーは一九三八年四月オーストリアを併合、翌年三月にはチェコスロバキアを解体した。『決断・命のビザ』[*76]によると、この時期、外務省から杉原へ非公式に、ポーランド南部のレンベルグ市に領事館を新設するようにとの連絡があったという。

ところが、一九三九年四月、ヒトラーが声明を出して、ドイツとポーランドの間の不可侵条約を破棄した。そして彼は、一九三九年八月二一日、ポーランド破壊計画について演説を行い[*77]、「開戦理由に関して私はもっともらしい理由をあげよう。それが良いか悪いかは問題でない。勝てば真実を言ったか否かを問われることはない。戦争を始め、そしてそれを行うにおいて重要なのは『正当性』ではなく『勝利』である。憐みは必要ない。無慈悲にふるまえ（……）ポーランドの完全なる破壊こそが軍事的目標である。迅速であることが肝要である。完全に殲滅するまで止まってはならない」と声を大にした。そして翌日八月二二日には、ドイツミュンヘンの南東一二〇キロメートルにあるヒトラーの保養地兼司令部でもあったオーバーザルツベルクで、総司令官及び将軍たちに対して「ポーランドと私が結んだ条約は、たんなる時間稼ぎのためのものだった。そのうえ、諸君、私がポーランドにやったのとまさに同じことが、ロシアにもおこるだろう。スターリンが死んだら（彼の病気は重い）、われわれはソ連をたたきつぶすのだ[*78]」と話す。

さらに続いてその翌日八月二三日には、「たたきつぶす」ことになっているソ連との間に、独ソ不可侵条約が締結されている。条約には、独ソによるポーランド分割とバルト三国のソビエト連邦への併合などが秘密議定書[*79]として含まれていた。

戦後公開されたヒトラーに関係する膨大な史料によって、二一世紀を生きる私たちは彼の本音まで知ることができるが、この狂信的なリーダーを崇拝する空気の充満していた当時、ナチの幹部以外は知らないことである。

カウナス

ヒトラーのポーランドとの不可侵条約の破棄を受けて、杉原の転出先はポーランドのレンベルグ市からリトアニアのカウナスに変更された。一九三九年七月、杉原千畝は副領事に命ぜられ、当時のリトアニアの首都カウナスに領事館を開設し、領事代理に就任することを命ぜられる。『決断・命のビザ』によると、新設の準備は、バルト三国を管轄するラトビア公使大鷹正次郎のもとで進められた。杉原は現地調査に出かけ、手頃な家を探して図面をつけ、街の環境を説明し、家賃の見積もりを添えて本省へ報告した。一家は八月二五日ヘルシンキ発、ベルリン経由で二八日、カウナスにあわただしく着任する。

旧日本領事館は現在、「杉原ハウス」と「アジア研究所」として、リトアニアの古都カウナスの駅からそう遠くない丘の上にある。[*80] クリーム色の壁にレンガ色の瓦屋根の建物[*81]で、敷地は道路より一段低く裏に向かって傾斜している。道路側には日本の桜が育ち、裏庭には杉原が植えたというリンゴの木[*82]が二本そびえ立

リトアニア・カウナスの旧日本領事館　杉原記念館として地元の子供たちの課外授業の場でもある。桜の苗木を一本植えたあとで（寿福滋氏撮影、2001年10月）

つ。秋には熟して実が落ち、初夏には可憐な白い花をつけていた。裏隣はさらに一段下にあり、段々に下がりながら住宅が建っている。旧領事館は傾斜地に建っているので、裏から見れば三階建てだが、正面から見れば一階部分は半分が地下であり、二階中央に玄関ポーチがあり、前庭に続く階段で出入りできるようになっている。屋根の中央部にある二つの小さな窓が、集合アパートとして使われていた頃の三階の窓である。

避難民カウナスへ

九月一日ドイツがポーランドに侵攻し、第二次世界大戦が勃発する。杉原は手記*[83]に「一九三九年九月、西ポーランドに侵攻したナチス・ドイツ軍がその占領した地区の住民に対して示した狂暴ぶりは、日に日にその熾烈さを増してゆき、そのうちでも、とり分け猶太《ユダヤ》に対する残酷さは目をそむけしむるものがあった。それ故に、仮に今日のところはまだその難を免れ得たとしても、明日のわが身はどうなるかは、誰ひとり予測できない状況にあったので、三々五々相集うようになり、同年末頃からは、早くも北に向かって民族移動の様相すら帯びてきた」。そして、「軍政管理網未完成の隙に乗じ、六か月前から三々五々北方のヴィルナ目指して避難し始めたものであり、またナチスのユダヤ人狩りを避けることのできる国は、最早ヨーロッパにはない。従って兎にも角にもソ連、日本を経て第三国に移住するのであるという訳です」と書いており、彼はユダヤ避難民の置かれた状況と、カウナスの日本領事館を目指し逃避行にいたる事情を把握していた。

カウナスの日本領事館を目指したユダヤ人たちは、ワルシャワよりもっと遠い「ウージからも逃げて来た」と杉原は証言している。二一世紀の現在、新緑の季節にポーランドを旅する[*84]と、菜の花畑と野菜畑が見渡す限り広がり、まるで黄色と緑の巨大なパッチワークの世界にいるような気がする。国名の意味するとおり大平原の国だと実感する。ユダヤ避難民たちは、この低地の平原をおそらく夜間に歩みを進め、日中なら地を這うように身をかがめて、リトアニアへの逃避行を続けたに違いない。現代のフランス人作家ヤニック・エネルがその著書[*85]に「神がポーランド人を最も波乱に富んだ大陸の中で最低の場所、貪欲で強力な隣国の間に置いた」と書いたように、そして「ポーランドの運命とは絶えず土地を奪われ、自由を奪回し、再びそれを失うことである」と書いたように、ポーランドは、ドイツとソ連という両隣の大国の軍靴に蹂躙された受難の地であった。杉原の手記は続く。「この民族集団の大部分は、言語に絶する困難を乗り越えて、遠くバルチック海に臨むリトアニアの首都カウナスに流れ着きました」。

ライフワークとして杉原千畝の足跡を訪ねている写真家、寿福滋氏*86はカウナスに何度も足を運び、一九四〇年当時から旧日本領事館の三階に住んでいたウルビダーテさん（故人）に会っている。ウルビダーテさんは杉原一家のことをよく覚えており、杉原の幼い息子たちが三階の彼女の部屋に遊びに来たことも教えてくれたそうだ。寿福さんは許可を得て、バスルームの小窓から屋根に上り、ユダヤ避難民が歩いたという歩道を見たそうだ。長く過酷な逃避行の末に、丘の上の領事館を目指し、坂道を、近道を、あるいは石段を喘ぎ上った群衆の、ビザ懇願の必死の想いに胸を突かれる。杉原は領事館の二階の窓越しに押し寄せたユダヤ避難民を見た。二階と言っても中二階から見下ろす程度である。前庭も広くない。日本通過ビザを出してほしいと請願する避難民の群れは文字どおり杉原の目前まで迫っていたのである。

煩悶

東京に電報を打ち、ビザ発給はならぬという回答を受けて杉原は悩む。晩年彼は手記に、「私はこの回訓を受けた日、一晩中考えた。家族以外の相談相手は一人も手近にはいない」

と書いている。

確かに外務省から許可を得られなかった、カウナスに相談するに値する日本人同僚がいなかったという意味では不安だったに違いない。だが私はこれまでに知り得た杉原の人となりから類推すると、孤独は大きな要素ではなく、むしろ、この決断は杉原が一人でいたからこそ成し得たのではないかと思うようになった。それは、もし他の日本人が居合わせたとして（杉原の手記によると研修生が居合わせたという）、その人物が軍に忠誠を誓う駐在武官なら、おそらく「ヨーロッパ攻略で快進撃を続けるドイツのような大国と同盟締結を目前にする日本の幸運を何と心得るか。またドイツに降伏したオランダやフランスの東南アジアの植民地（産油国）への進出[*87]を狙える好機を見逃せというのか。既に日本が五相会議[*88]を経てユダヤ人を差別しない方針を採ったとしても、ユダヤ人排斥に突き進むナチを無視することなどできるわけがない」などと問い詰められそうだ。他の外務省関係者がいたとして、その人物が上役なら気を使うことになり、上司の意見が優先され、同格の人物だったとしても、杉原の考えと一致するとは限らない。たとえ非常に近い考えを持っていたとしても、相談するうちに杉原も自身の信念だけを押し通すことはできにくくなっただろうと思うからである。

決断

手記には続いて、杉原の確固たる信念が書かれている。「兎に角、果たして浅慮、無責任、我武者らの職業軍人集団の、対ナチ協調に迎合することによって、全世界に隠然たる勢力を有するユダヤ民族から、永遠の恨みを買ってまで、旅行書類の不備とか公安上の支障云々を口実に、ビーザを拒否してもかまわないとでもいうのか？　それが果たして国益に叶うことだというのか？　苦慮の揚げ句、私はついに人道主義、博愛精神第一という結論をえました。そして妻の同意を得て、職に忠実にこれを実行したのです」。

これは杉原が八〇歳を過ぎた晩年に書いた手記である。ビザ大量発給の時から既に四〇年以上の年月が経ち、杉原のビザを受け取ったかつてのユダヤ避難民たちの多くが無事に命を長らえたことも知った上での回顧録である。一九四〇年ビザ発給の決断を迫られた時の、およそ考えられる限りのありとあらゆる状況を想定しつくしてもなお湧き上がる葛藤の跡などは書かれていない。むしろ、戦後外務省をやめざるを得なかった杉原が、生涯言い訳をしなかった杉原が、一度だけ声を大にして、自身の想いを吐露したようにも見える。見方によれば、過去、現在、未来の時を問わず、国を代表する外交官の職務の厳しさを説き、外交官一人一人に「覚悟」のほどを問うているようでもある。

一九四〇年の夏、日本領事館の鉄柵に押し寄せたユダヤ避難民のざわめきと、彼らの思いつめた視線を受け止めた杉原は、回訓どおりにビザ発給を拒否したとして、人としてそれでいいのかと自らを問いただしたに違いない。自問自答のあげくに杉原が向き合ったのは自らの良心や、外交官としての誇りだったに違いない。日本のユダヤ人保護対策[*89]は杉原の心を少し軽くしたかもしれない。文官服務規程の縛りは重くのしかかってきたかもしれない。しかし、「人の道」を選んだ杉原はやがて、手放し難い「保身」の誘惑からも解き放たれた。妻の同意も得た。私には、杉原自らが外交官の使命をおびて、静かな心でまっすぐ立ち上がる姿が見えるような気がする。私は、一九四〇年の夏、杉原千畝が日本の外交官としてカウナスにいたことは、天の配剤だったと思っている。

ビザ発給

手記[*90]には、「かくして忘れもせぬ一九四〇年七月二十九日からは、一分間の休みもなく、ユダヤ難民の為の日本通過ビザ発給作業を開始した次第です。（……）やがては、更に手首から肩までも関節が痛みだすなどの騒ぎ。その上、最初一日平均約三〇〇人のノルマで、難民処理するプランでスタートし、はじめの三日間は、いちいち連続番号を付けてきたが、一〇〇〇号近くになった時、こんな丁寧なことをしていても、この先、到底さばき切れないことに気付き、その手間を省くため、まず番号付けを取り止め、且つ、所定手数料の徴収も上述と同じ理由で、停止いたしました」と書かれている。

では、このビザ発給作業に没頭した杉原と、ビザを求め列に並んだ人々の間にはどのようなやりとりがあったのだろう。中日新聞社会部による『自由への逃走 杉原ビザとユダヤ人』*91の第一章より、ビザを受けた人々の証言の一部を抜粋する。なお、敬称は省略する。

ポーランドの首都ワルシャワ出身のアブラハム・ハゼは一九四〇年八月、日本領事館に行き杉原に会った。アブラハムの片言のロシア語での訴えを、杉原は一生懸命に聞こうとした。ポーランドでの迫害を語るだけで時間は過ぎた。翌日、再び領事館に。杉原は、「皆さんの状況はよく分かりました。できるだけのことをしましょう」と、にこっと笑ってビザを出してくれたという。

ニューヨーク在住のユダヤ教学者アイザック・ローエンは七月二六日に杉原からビザを受け

取った。オランダ系ユダヤ人の妻は在ラトビアのオランダ大使からビザを手に入れていたが、アイザックはパスポートをソ連に押収され、難民証明書だけを持って祈るような気持ちで領事館に行った。書類を手にした杉原が「ビザをあげたら、あなたは安全になるのですか」と問いかけ、アイザックは「もちろん」と答えた。三〇分も続いた懇願に耳を傾けていた杉原は、やがて机に向かってペンを執り、「日本に行けるようにしましょう」と言った。

ジェリー・ミラドは、一九三九年九月、ドイツのポーランド侵攻でドイツ軍に捕まりワルシャワ郊外の教会に閉じ込められゲーム感覚で行われた射殺を逃れ、国外逃亡を決意し、一九四〇年八月、リトアニアの日本領事館へ向かう。国境で再度ドイツ兵に捕まり持ち物を奪われ、一四歳の時のパスポートしか残らなかった。杉原に「米大使館に問い合わせて行先国のビザが取れる証明書を貰ってから」と言われるが、米大使館からジェリーに届いた返事の電報は「ビザ発給は不可能」だった。切羽詰まって「不可能」の「不」の字を削って再び杉原の元へ。杉原はその痛々しい改ざん電報を一見し無言でビザを手渡してくれたという。ジェリーは驚いた。そして「戦後に生まれた子供三人、孫三人もスギハラに救われたようなものです」と述べる。

ニューヨークのラビ、モイシェ・ズープニックは、ポーランドのミル神学校の生徒のリーダー格だった。教師、生徒三五〇人分のビザを杉原に頼んだ。団体であること、そして日本に居ついては困るという杉原に、「すぐに米国へ渡る、保証人がいる」と懇願し、領事館臨時秘書として出勤させてもらい、二週間後三五〇人分のビザを手に領事館を去った。ミル神学校生徒達は、ニューヨークブルックリンで学校を再建し、一八一七年開校以来の伝統を守っている。

イスラエル在住のラファエル・ベンタナンは五日間列に並んでようやくビザを手に入れたという。杉原の顔を覚えていない。「すごい量の申請に忙殺され、彼（杉原）はずっと下を向きっぱなしで仕事をしていた。顔も見えなかった」。

ロンドン在住のエルハナン・シュピロは、ホテルで証明書をもらった一人である。領事館が閉鎖されたと知って、父と二人真っ青になり、杉原の宿泊先を突き止め飛んで行った。「残念だが、スギハラのいるホテルがなぜ分かったのか（実際には領事館を閉鎖して退去する時、杉原はホテルの名前を張り出していた）、どんな顔だったか、思い出せない[*92]」「とにかく、杉原のビザで一家一三人が救われた。彼は聖人だよ」。

一九四〇年八月、リトアニアがソ連に併合される。杉原は領事館を閉めて丘を下り、市街地のホテル・メトロポリスに移る。九月五日カウナス駅からベルリンへ向かう。ホテルにも、駅のプラットホームにもビザを求めて避難民は押しかけた。査証用の書類一式はベルリンへ送ってしまった後だった。杉原は「渡航証明書」を列車の発車時間まで書き続けた。

避難民に二一三九枚を超えるビザを手渡した杉原は、手記[*93]に「そして間もなく、正に夢にも見たであろう日本領事から、日本通過のビザを受けてヤット再生の思いで、満面を嬉し涙でぬらしつつ、自由の諸外国に向け、散って行ったという話は、決して単なる話しではなく、確かに事実であります」と書いている。杉原ビザを持った避難民たちは日本へ向かって旅発った。

プラハ

ベルリンで杉原は来栖三郎駐ドイツ特命全権大使に会いに行くが、リトアニアでのビザ発給については何も言われず、プラハ駐在の市毛孝三総領事が帰朝命令を受け、その後任に命ぜられる。九月一一日プラハへ発ち、翌日着任する。

ちょうどその頃、杉原ビザを手にしたユダヤ避難民たちはシベリア鉄道でソ連の極東ウラジオストクに着いていた。彼らには在米ユダヤ人協会から救済の手が伸び、*94 アメリカ政府の許可のもとに、ウォルターブラウンド社を通じて、現在のJTBの前身であるジャパン・ツーリスト・ビューローに斡旋協力の依頼が入る。ビューローは、日本の敦賀とウラジオストクの間に一〇か月にわたり、毎週一往復を運航し、約四〇〇〇人のユダヤ人の避難に尽力することになる。

幸子夫人の著書『六千人の命のビザ』によると、既にナチス・ドイツから非公式な形でプラハ退去の要求が出ており、一時の腰掛けというつもりで向かった杉原一家だったが、結局六か月間、モルダウ河を望む豪壮なつくりの領事館で生活することになる。リトアニアで生まれた三男晴生さんを加えて賑やかに、また、忙しい外交官の社交生活も復活した。着任後の九月二七日には日独伊が同盟国になった。だが、ことさら表立った動きは感じられなかったようだ。日本という国については、リトアニアにおいてそうだったようにほとんど知られておらず、ドイツの軍人は「日本やイタリアはドイツが強いから同盟国になった」位にしか考えていなかった、と書かれている。

それを裏づけるように、同盟を結ぶ以前の日独伊防共協定調印[*95]の段階から既に、ヒトラーの日本に抱く本音は辛辣である。一九三九年八月二二日の演説[*96]から引用する。

われわれは日本が脱落するのを考慮に入れておかねばならない。私は日本に決断のための猶予を、まる一年も与えてきた。天皇はかつてのロシア皇帝たちと似たりよったりだ。弱腰で臆病で、煮えきらなくて、革命を待たずとも倒れそうだ。日本と私の提携は一度として評判がよかったことがない。我々は今後、もっと極東とアラビアに不穏状態を巻き起こそう。我々は主人なのだと考えて、あの連中なぞ、せいぜい鞭を食らわせる必要のある、ニス塗の半人半猿だとみなそうではないか。

プラハで杉原は、本省からの指示に従い、カウナスの領事館の引き揚げについての書類を整理し、発行したビザの枚数を報告した。一九四一年二月二八日付けの報告書によると、ビザの数は合計二〇九二枚と書かれていたが、実際にはもっと多かった。また、杉原はこのプラハでも数十人のユダヤ避難民に日本通過ビザを発給している。その中にジョン・ストウシンガーという一三歳の少年がおり、継父と母親と三人でウラジオストクから神戸を経て上海に渡った。ストウシンガーは成長してハーバード大学で博士号を取得し、国際政治学者となる。彼の著書『なぜ国々は戦争をするのか』[*97]には、過去に起きた戦争の過程が記されている。杉原が次の任地、東プロイセン州ケーニヒスベルクで情報収集に関わった独ソ戦についても詳しく知ることができる。

来栖大使の後任として再度駐ドイツ大使になった大島浩から呼び出しを受け、ベルリンに向かった杉原は、「東プロイセン州庁所在地のケーニヒスベルクに行き、総領事館を開設して駐在してもらいたい」との指示を受ける。東プロイセンは、ナチス党が政権を掌握した一九三三年三月の選挙でナチスに五五％の票が投じられた、国内でナチス賛同者の最も多い地域の一つだった。

ケーニヒスベルク

一九四一年三月、半年のプラハ生活の後、杉原一家は、ナチの巣窟のようなケーニヒスベルクに移る。幸子夫人の著書には「ドイツ人ばかりが住む小さな街でしたが、哲学者のカントの学んだ学校もある静かな所でした。市庁儀典局の斡旋で広い二階建ての邸宅を借り受けて、急いで領事館を開館しました。ケーニヒスベルク市当局には私たちの来訪が前もって知らされていたので、全てに協力的でした」と書かれている。[*98]

話は少し遡る。この「杉原をケーニヒスベルクへ」という案は既に、日本の在欧公使及び大使から外務省に出されていた。[*99] 杉原がカウナスの日本領事館でユダヤ避難民にビザを発給していた一九四〇年七月三一日、杉原の上司である大鷹正次郎ラトビア公使が、松岡洋右外務大臣に電報で「杉原をケーニヒスベルクへ移転させ対ソ関係事務を担当させた方がよいと思われる」と要請している。また同年一一月二日には、ベルリンの来栖三郎大使も、電報で杉原のケーニヒスベルクでの情報活動を要請していた。現に、この年の秋、ヒトラーは国防軍の主力を東方に移動させる指示を出していた。[*100] ただし、モスクワ駐在のドイツ武官には、ソ連政府に対し、大部隊の移動は単に退役者を社会に復帰させるものに過ぎないと伝えるように命じるほど、「独ソ不可侵条約」を交わしたスターリンに疑念を抱かせないように、その展開は極秘にされていた。

ドイツ側にしてみれば、いくら同盟国の間柄とはいえ、北満鉄道交渉時からソ連通としてマークされていた外交官杉原の、ケーニヒスベルクへの転任を警戒せずにはいられなかったはずである。「杉原露文書簡」[*101]を参照すると、特に東プロイセン地区の長である大管区長官エーリッヒ・コッホは、大勢のユダヤ人にビザを出し逃がした杉原を苦々しく思っていた。そして当地での総領事館開設の許可を簡単に下そうとはしなかった。幸子夫人の受けた好印象のわけは、親独派である大使の大島浩が一九四一年二月二八日、ヒトラーに信任状を渡したことから状況が急展開したことによる。翌三月一日には開設許可が出たと記されている。ただし、信任状でコッホの態度が変わったわけではなかった。「杉原露文書簡」の続きには、杉原が外交慣例に則って申し入れた儀礼訪問も一か月間は無視され、ようやく会えても非常に短時間の紋切型の挨拶を交わしたのみだったと書かれている。さらに、その後もベルリン大使館を通じて杉原の駐在を嫌がるコッホの意向が杉原に伝えられるようになる。

ケーニヒスベルクでの杉原の任務は、ナチス・ドイツ軍のソ連に対する作戦を調べてその情報を逐一外務省に報告することであった。危険な環境にあって杉原は、一体どのような情報を送ったのだろう。外交史料館に残る電報は五月九日に送信したものだけである。ところが、渡辺勝正氏が著書『杉原千畝の悲劇　クレムリン文書は語る』（大正出版、二〇〇六年）に、「杉原が一九四一年五月から六月にかけて打電した極秘の暗号電報のうち三通は、ソ連側によって傍受、解読されていた。露文で記録され、五月九日発、五月三一日発、六月一〇日発の三通がクレムリン文書として保存されていた」と記している。

外交史料館にある一九四一年五月九日付けでモスクワの日本大使宛に送られた電報を同書より引用する。

このところ連日のごとくベルリンとケーニヒスベルクの間で、北方へ約一〇本の軍用列車が通過しおり《ママ》。車両はフランス鉄道の極めて大型のものなり、当地の軍事関係筋は、現在東プロシアにはリュブリン地区に劣らぬほどの大軍が集結されており、六月には独ソ関係は、より明らかになるものとみなしている。ドイツ軍将校の大部分が、五月末までに少なくとも読める程度にロシア語を身につけるべし、との命令がくだされている。杉原

なお、クレムリンに傍受された五月三一日発の電報の内容を許可を得て記すと、杉原が、ケーニヒスベルク以東の集落に野戦電話が架設され、土嚢が積まれ、街道を大量の軍用車両が走行するなどを目撃したと伝えており、六月一〇日発の電報では五日に軽戦車が通過したこと、九日朝にベルリンからケーニヒスベルクに向かう杉原と領事館員が軍用列車一七本を追い越したこと、さらに、重要橋梁の東側袂には重機が配備されており、ベルリンから二五名の将校が追加着任し、守備兵力は三〇万であり、全ての部隊が防毒マスクを携行していることまで伝えている。杉原自身がドライブ旅行を装って情報収集したそうである。

また、杉原はベルリンの大島大使の度重なる呼び出しに応えて大使館を訪ね「独ソ開戦近し」と熱心に伝えていた。

独ソ戦

一九四一年六月、[*102] 侵攻開始の一週間前、ヒトラーは「数週間で我が軍はモスクワに到達するであろう」と豪語し、そして「それについては全く疑問の余地がない。私はこの呪われた都市を地上から抹消し、そしてそこに発電所に必要なエネルギーを提供する人工池を作るであろう。モスクワという名前は未来永劫消え去るのである」と言い切った。一九四一年六月二二日夏至の朝、ドイツ軍はソ連に向けて進撃を開始した。ヒトラーの側近ウィルヘルム・カイテルの作成した「次なる標的はイギリス本土上陸である」との偽情報作戦計画に翻弄されて、モスクワ駐在のドイツの大使シューレンベルクと海軍武官バウムバッハは、ヒトラーの目論みどおりカイテルの偽情報を鵜呑みにし、杉原の暗号電報のみならず大量の情報を傍受していたはずのスターリンも騙されてしまった。早くから、複数の外交専門家が独ソ戦を疑い、予測していたはずの日本勢もカイテルの偽情報に振りまわされたのだ。杉原の調査報告は生かされなかった。

太平洋戦争

それから七五年の年月を経て、現在私たちは、歴史家の研究の成果による恩恵を受けて、ドイツがソ連に攻め入るにいたったおおよその過程、ソ連に傍受されていた杉原の暗号電報の内容、さらにスターリンに対しドイツの奇襲作戦を警告していたイギリスのウィンストン・チャーチルが「スターリンとその取り巻きたちは完璧にヒトラーに出し抜かれてしまった愚か者であった」と結論づけたことまで知ることができる。だが、一九四一年当時、「戦陣訓*103」が示達された日本では、国民の意思まで統一されたと思われる。一般の人々はどの程度まで正しい情報を得ることができたのだろうか。同年一〇月、日本では東条英機内閣が成立し、一二月一日、御前会議で対英米蘭開戦が決定され、そして八日、日本軍がハワイのオアフ島にある真珠湾を攻撃する。大学生らの徴兵猶予は戦争推進による兵力不足を補うためにと一〇月に停止されていた。戦局は悪化の一途を辿り、二年後の一〇月二一日、記録映像に残る明治神宮外苑競技場での雨の出陣学徒壮行会*104に繋がって行く。日本の「知性」が滅びに向かって追いやられるような胸痛む光景である。

ケーニヒスベルクは独ソ戦で激戦地となった。ヒトラーは「冬至までにソ連は地図の上から消え去るはず」と断言したが、地図から消えたのはドイツ領ケーニヒスベルクであった。

旧在ケーニヒスベルク日本総領事館（現カリーニングラードの幼稚園）の庭、2015 年 5 月

独ソ戦でソ連領土となり、今はロシア西端の飛び地、カリーニングラードという地名に変わった。記憶にあるレニングラード（現サンクトペテルブルク）、スターリングラード（現ボルゴグラード）などのソ連の指導者にちなんだ旧地名と同じく、カリーニングラードはソビエト連邦最高会議幹部会議長を務めたミハイル・カリーニン（一八七五～一九四六）の名前を冠した州名、州都名である。二〇一五年五月[*105]、私はこのカリーニングラードに行った。何回も写真を見ていたからかもしれない。この街ほど杉原の存在を感じた場所はなかった。独ソ戦の情報を得るために、車で往来し、石畳を歩き、列車に乗り駅舎を歩いた姿を想像した。幸いにも旧在ケーニヒスベルク日本総領事館一帯は空襲を免れた。現在は落ち着いたたたずまいのドイツ風邸宅街に

あって、幼稚園として使われている。丘の上の傾斜地に建つリトアニアの日本領事館と違ってゆったりとした平地で、生活の場としての落ち着きを感じさせる場所ではある。現在ロシア人の子供たちが愛くるしい姿で夢中に遊ぶ園庭のそここに杉原一家の生活があったことを思わせた。

一九四一年春、既に日独伊三国同盟を結んだ日本の代表の一人として杉原はここ、ドイツ領ケーニヒスベルクに赴任した。ヒトラーユーゲントのグループが総領事館を訪ねるなど、ナチとの接触が日常になった環境にあって、独ソ戦になるか否かの見極めを負わされた緊張と重圧がそのまま杉原の重みになり、建物に庭に道路に、彼の足跡が残っているようだった。『決断・命のビザ』(杉原幸子監修、渡辺勝正編著)に、総領事館の敷地は果樹園つきで三〇〇〇

旧総領事館１階、植物のかげの楕円形の窓は杉原のいた時のままである

坪と書かれているが、ソ連領となった後に分割されたとしても確かに広い。総領事館と住まいを兼ねた二階建ての邸宅は、玄関部分が改造されているだけで外観も中もほとんどが当時のままだという。私たち旅の一行は幼稚園園長のナタリア・スミルノワさんの案内で中に入った。『六千人の命のビザ』（杉原幸子著、八七頁）に掲載されている、杉原が玄関先で家族とドイツ兵と映った写真に見える外壁の楕円形の窓は、現在玄関ポーチ部分が覆われて外からは見えないが、中に入ると、そのままであることがわかった。

避難民日本通過

一九四〇年九月から一九四一年五月にかけて、杉原がリトアニアを離れ、プラハからケーニヒスベルクへ異動し、ドイツがソ連に侵攻するまでのおよそ一〇か月の間に、杉原ビザを携えたユダヤ避難民の多くは、日本を経由して、アメリカや上海などの目的地を目指していた。彼らはシベリア鉄道でウラジオストクに着くと、在米ユダヤ人協会から斡旋業務を委託されたジャパン・ツーリスト・ビューローの手配した船で日本海を渡り、福井県の敦賀港経由で日本に入り、横浜や神戸からサンフランシスコに向かっていた。

当時、ジャパン・ツーリスト・ビューローの職員でユダヤ人輸送にあたった大迫辰雄氏の回想録*106によると、輸送の第一回目は一九四〇年九月一〇日だったという。杉原がプラハへの転任を命ぜられベルリンを発つ前日である。はるびん丸（五一六七トン）で輸送を開始したが、船が大きすぎて、ウラジオストクの岸壁に着岸困難となり、代わりに天草丸（二三四五トン）が就航することになったという。ビューロー職員の大迫氏は、船員のアシスタント・パーサーとしての待遇で船に乗り込み、以降、二十数回*107、秋冬の荒れる日本海を往復する。ユダヤ協会から預かった資金を、膨大なリストから難民一人一人を確認して渡すのだが、ユダヤ人の名前が複雑であることや、彼らのほとんどがひどい船酔いであったことからまともに対応できず、悪臭漂う船内での作業は困難を極めたそうだ。

二〇一六年六月朝、杉原千畝研究会の旅*108に参加した私は、シベリア鉄道のウラジオストクで列車を降り、雨の中、駅に隣接している港に立った。七六年も前に杉原千畝が出した日本通過ビザを手に、大勢のユダヤ避難民たちが辿り着いた港である。彼らはここから船で日本の敦賀に渡った。ウラジオストクは、駅舎は芸術品ともいえる建造物で、地形は起伏に富み、緑豊かで美しい街だった。通りを走る車はほとんどが日本車で、人々とも親しくなれそうな気がする。だが、簡単ではなさそうだ。まずロシア語がわからない。それに前夜、ハバロフスク駅で「いいですか皆さん、ここはロシアです。駅や列車の中の写真を撮ると日本に帰れなくなるかもしれません」と旅行社から念を押されてシベリア鉄道一一時間の旅を体験した。硬い列車の揺れで熟睡できぬままウラジオストクに降り立つ。頑強な造りの港である。それともロシアというだけでちらつくプーチン大統領の面影のせいか、旅行者でさえ少しは身構えてしまう。ましてや第二次世界大戦中、ナチの迫害から逃げて来たユダヤ避難民にとって、リトアニアからの長い鉄道の旅が終わったというだけで、ここはまだソ連の領土である。彼らの緊張は続いていたに違いない。

雨に煙《けむ》る港内を歩くうちに、「ユダヤ避難民たちをここから敦賀に送り届けたというが、ビュー

シベリア鉄道ウラジオストク駅舎、2016年6月

ウラジオストクの港、2016年6月

ローの職員は、この港のどこにいたのだろう」という疑問が湧いた。再び大迫さんの回想録を参照すると、船員の待遇で乗船している大迫さんは、原則として、ウラジオストクへの上陸は認められていなかった。桟橋に係留された船のタラップの上で待っていた。タラップの下では、ソ連のゲーペーウー[*109]（GPU）警察の隊員がユダヤ人一人一人の証明書などをチェックして乗船を許可していた。なお、GPUは四六時中船を監視しており、時には船室まで入って来る。目の前で日本の新聞の漢字まで読まれたことがあり、驚いたそうだ。大迫さんは、船長の誘いで一度だけウラジオストクに上陸したことがある。船長と一緒に、現地の日本領事館まで歩いたそうだ。「一度だけソ連の土を踏んだ。あまり気分の良いものではなかった」と述べている。

二〇一六年六月、バスの窓から見ただけだが、確かに当時の在ウラジオストク日本総領事館のビルは、港の近くの中央広場（革命広場ともいう）から伸びる上り坂の途中にあった。現在は沿海地方の裁判所として使われている。大迫さんが会ったかどうかは不明だが、当時の総領事代理は根井三郎（一九〇二〜一九九二）であり、ハルビン学院の前身、日露協会学校で杉原の後輩だった。『人道の港　敦賀――命のビザで敦賀に上陸したユダヤ難民足跡調査報告』（日本海地誌調査研究会編、二〇〇七年）には、近衛首相兼外務大臣からの、杉原ビザを携えて来たユダヤ避難民を容認するなという命令に、根井は「帝国在外公館が発給したビザには日本の威信がかかっている。これを無効にすれば、日本は国際的信頼を失うこととなる。よって指示に従えない」として、杉原ビザのユダヤ避難民の乗船を制限しなかったばかりか、日本通過ビザを持たないユダヤ人に渡航証明書を発行し、とにかく船に乗せている。

『命のビザを繋いだ男　小辻節三とユダヤ難民』（山田純大著、NHK出版、二〇一三年）によると、この「船上の難民」は七二名、ビザのない彼らは敦賀で入国すなわち下船を許されず、ウラジオストクと敦賀の間を行ったり来たりしていた。また杉原ビザ携行者の滞在期間は一〇日間であり、行先の決まらない者は窮地に立たされていたという。難民たちの窮状を見た神戸のユダヤ協会の代表が、小辻節三（一八九九〜一九七三）というユダヤ文化研究者に助けを求める。

小辻は京都の賀茂神社の神官の家の出である。家業に反し牧師になるが、ユダヤ教に惹かれるようになりアメリカでヘブライ語を修得し、さらにパシフィック宗教大学で博士号を取った。一九三八年、当時満鉄総裁だった松岡洋右に呼ばれ大連に渡る。松岡の「ドイツとの関係は良好に保ち、アメリカとの戦争は回避したい」という意図を受けて満鉄調査部顧問に就任し、四年前から立案・画策されていた軍部の「満州にユダヤ人を誘致する」計画に協力することになる。*110 上海のユダヤ人の調査に同行し、一九三九年ハルビンで開かれた関東軍主催の第三回極東ユダヤ人大会ではヘブライ語でスピーチをする。その内容はユダヤ人の置かれた立場に同情し、日満両帝国の法に従うことを望みながらも独立を目指す彼らの、民族の誇りを喚起するものだった。神戸ユダヤ協会の代表はその感動的なスピーチを聞いていた。一九四〇年、危機に瀕《ひん》しているユダヤ人の仲間を助けたい神戸ユダヤ協会代表は小辻を思い出し、あの人ならユダヤ人の立場をわかってくれるだろうと、小辻が日本に戻り鎌倉に住んでいることを知り手紙で助けを求めたそうだ。

小辻は外務省に掛け合い、七二名の難民が入国できるように奔走した。次に、外務大臣になった元満鉄総裁の松岡洋右を頼り「滞在延長は自治体に権限がある」との示唆を受けて方策を探り、全身全霊を傾けて避難民のビザ延長を勝ち得ている。そして杉原ビザ受給者の一人で、カウナスで杉原に事情を説明した五人の代表の一人だったゾラフ・バルハフティクと親しくなり、避難民たちがそれぞれの目的地へ発てるよう協力した。

リトアニアで杉原が決断をしなければ始まらなかった避難民救済だが、ウラジオストクで根井が英知を発揮し、日本で小辻節三が支えて杉原の意思は完成したといえる。また日本海を往復した大迫辰雄氏をはじめ元ビューロー職員だったメンバーも忘れてはいけない。一九九五年、大迫さんはユダヤ避難民輸送を思い出し、「私たちビューローマンのこうした斡旋と努力とサービスが、ユダヤ民族、数千の難民に通じたかどうかはわからないが、私たちは民間外交の担い手として、誇りを持って、一生懸命に任務を全うしたことは確かである」と述べられている。また、戦後になって新聞、雑誌などで知った杉原千畝についても、「特に、昭和一四年から一六年にかけて当時リトアニアの副領事をしておられた杉原氏が、外務本省にかまわず、独自に多数のユダヤ人に対し日本通過査証を発行したことに対する在

「命のビザ」支えた歴史

旅行公社、ユダヤ人の渡米助ける

冬の海往復二十数回／数百人1人ずつ確認

第二次世界大戦中、祖国を追われたユダヤ難民が極東から米国などへ渡る「旅」を助けたのは、日本の旅行公社の職員だった。あれから60年余り。JTBのOBが資料をたどり、関係者にあたって当時の活動をまとめた。外交官杉原千畝氏が発給した「命のビザ」を支えたもう一つの歴史だ。

調べたのはJTBのOB伊藤明さん(72)。旅行雑誌が99年、過去百年の総括として「20世紀の旅人」を企画、その中で、ユダヤ難民の移送の記事を任された。

約30人のOBから話を聞くなどした伊藤さんによると、日本を経由して米国などに逃げるユダヤ難民は、1938（昭和13）年ごろから増え、41年ごろまで続いた。外国人客の誘致、あっせんを目的とした社団法人「ジャパン・ツーリスト・ビューロー」（現JTB）が手配した難民は、少なくとも1万1千人に上るという。

当時の職員大迫辰雄さん(86)は40年～41年の冬、旧ソ連のウラジオストクから敦賀市への船の輸送を任された。

大迫さんは「ユダヤ人輸送の思い出」という回想録を書いている。天草丸（2345トン）という古い船で、二十数回、冬の日本海を往復した。片道2泊3日。激しい揺れで眠れなかった。食堂に用意した皿、調味料はすっ飛んだ。船客は船酔いで出てこない。

「さすらいの旅人をほうふつとさせる寂しさが漂っていた。無国籍人の悲哀をこれほど感じたことはない」と振り返る。

米国のユダヤ人協会から資金を預り、膨大なリストから、難民一人ひとりを確認して渡航費を渡す。「数百人もの中から（本人を）確かめるしんどい仕事だった」と振り返る。

旧満州・満洲里のビューローにいて、今年4月中旬に亡くなった松井繁松さんは「同情心から彼らの差し出す品をポケットマネーで買い取ったが、限界に達し、追いつかなくなると中国人経営の質屋を紹介して換金させた」との文章を残した。

福井県敦賀市からの移動もビューローの職員が引き受けた。列車で横浜や神戸に案内し、そこから米国や豪州に渡った難民が多かった。

40年、リトアニア領事代理だった杉原氏が発給したビザを持った約6000人といわれる難民の多くもビューローの職員のあっせんで日本に渡ったという。

伊藤さんが調べたことや当時の関係者の話は「観光文化」（財団法人日本交通公社・機関誌）に「ユダヤ難民に『自由への道』を開いた人々」などとして3号にわたって紹介された。伊藤さんは「ユダヤ人をナチス・ドイツの虐殺から救った伝説のオスカー・シンドラーのような日本人がいたことを記録したかった」という。

「20世紀の旅人」を企画した「観光文化」の廣沢順編集長は「旅人となる難民は20世紀で終わらせたいとの願いを込めた企画だった。新世紀になってアフガンやパレスチナで難民が出ていることは悲しい」と話した。

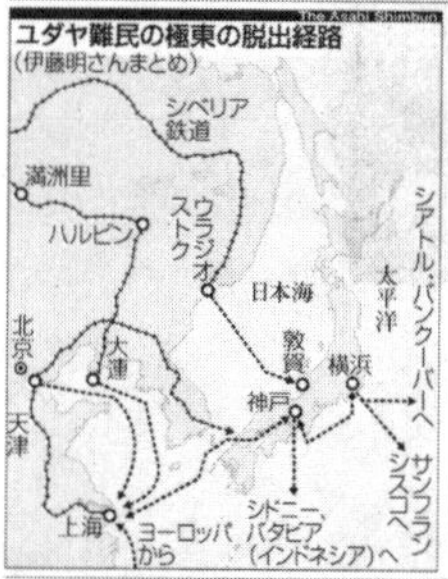

満洲里のビューロー事務所に押し掛けたユダヤ人難民＝40年ごろ、「観光文化」から

朝日新聞記事（2002年6月7日）

米ユダヤ人の有志が、今は亡き杉原副領事を称える行事を行うに至り、日本側も、同領事の当時の人道的処置を見直すことになったと云われる。昨年だったか、米国映画で『シンドラーのリスト』というのが日本で上映され、大ヒットとなり、私も観に行ったが杉原副領事は日本のシンドラーと称されるに至った。但し、シンドラー自身は金儲けの為にやったと云うところが杉原氏とはちがう」と記されている。

私は新聞で大迫さんのことを知ったが、同じ千葉県在住であることから面会を急がず、生前に会うことが叶わなかった。大迫さんの率直な人柄を彷彿させる回想録に触れて、改めて誠実な働きぶりを偲ぶ。さらに市井の人々が、敦賀で、神戸で、ユダヤ避難民に差し伸べた親切については言うまでもない。

ブカレスト

一九四一年六月、独ソ戦突入後も、ケーニヒスベルクへ着任した当時に杉原の駐在を嫌った東プロイセン地区の長官、エーリッヒ・コッホのベルリン大使館への通報は続いていたようだ。子供の教育も考え帰国願いを出していた杉原には、その願いは聞き届けられず、一一月、外務省よりブカレスト公使館への転勤辞令が出た。杉原の露文書簡[*111]には「東京から私宛に、ブカレスト公使館の専任書記官の職に、転勤を命じる辞令が届きました。思うに大島将軍（大島浩大使）は、結局、コッホの要求に降参したようでした」と書かれている。

一二月一九日[*112]、日本で八日の真珠湾攻撃の興奮が静まりかけた頃か、杉原は一等通訳官としてルーマニアのブカレスト公使館に着任する。幸子夫人の回想録『六千人の命のビザ』によれば、ブカレストに赴任する途中に寄ったベルリンは、前年九月[*113]とは比べようもないほど空襲で破壊されており、一泊したホテルでも空襲警報のサイレンが鳴り何度も起こされたという。ドイツの勢いが削がれているのは明らかだった。それでも、着任したブカレストでは、ドイツ軍が駐留しており、街を闊歩する姿は、その威容が地に墜ちてはいないと目をみはらせるものがあった、と記されている。

翌年、一九四二年一月ベルリンのヴァンゼー湖畔にある邸宅で開かれたヴァンゼー会議で「ユダヤ人絶滅計画」の強化、促進が指示され、アウシュビッツなどの絶滅強制収容所においてユダヤ人の大量虐殺が始まる。三月、日本もユダヤ人保護を打ち出した五相会議の対策要綱を廃止する。四月に米軍による日本本土への初めての空襲が行われ、戦争はいよいよ激しくなっていく。一方、ブカレストにいた外交官の家族にとっては、まだ平穏といえる日々だった。八歳、六歳、四歳に成長した子供たちも引っ越しのない生活で、地元に溶け込み、友達もできた。この間、杉原は公使館でロシア語の翻訳を中心に仕事をこなしていた。一一月に筒井公使より谷正之[*114]外務大臣に杉原の帰朝を要請する電報が打たれ、一二月二日、「杉原帰朝」の許可が下りる。しかし、杉原一家がルーマニアを発ち帰国の途につくのは四年も後の一九四六年一一月一六日のことになる。

一九四三年二月スターリングラードでドイツ軍が降伏する。ブカレストの街にも空襲が行われ、一九四四年七月ヒトラーの暗殺未遂、八月パリでドイツ軍降伏、とドイツの敗退が明らかになってきた。子供連れの杉原一家は郊外のポヤナブラショフという別荘地に疎開する。幸子夫人はヘルシンキで作曲家のシベリウスから贈られたレコードを市街戦の最中のブカレストに取りに戻ろうとして戦乱に巻き込まれるが、八日後なんとかブラショフの山荘に戻る。

敗戦

『六千人の命のビザ』（杉原幸子著）を参照する。一九四五年七月末、公使館からの電話を受けて杉原一家は、今度はソ連兵であふれるブカレストに戻る。既に一月二七日、ソ連軍はアウシュビッツを解放し、四月三〇日にヒトラーは自決しており、連合国側から日本に対して降伏を促すポツダム宣言が出されていた。日本は八月六日アメリカ軍により広島に、さらに九日長崎に原子爆弾が落とされ、一四日ポツダム宣言受諾の通告をする。一五日、天皇の「玉音放送」で全国民に敗戦が知らされる。

軟禁

ブカレストで、敗戦国の外交官として、公使夫妻と館員は公使館に、杉原一家は日本陸軍武官の官邸で武官と武官補佐夫妻とともに軟禁される。八月一七日の朝、ソ連軍の将校が現れ、杉原に郊外のルーマニア兵営の収容所に行くと告げる。トラックで荷物もともに送られた。兵営には、日本の外交官だけでなく、イタリアの外交官とドイツ人捕虜も収容されていた。九月二日、ミズーリ号の甲板で降伏文書の調印が行われ、日本は占領下となる。一九三七年九月のフィンランドのヘルシンキ公使館着任以来八年間、厚い絨毯の上で暮らし、羽根布団で眠っていた杉原一家は土間に木のベッド、わら布団の生活になる。外で遊ぶことを許された子供たちの笑顔、時々開かれる兵隊と捕虜を含めた音楽会などを慰めとして、彼らは兵舎で一年四か月を過ごす。そして一九四六年一一月一六日の雪の朝、ソ連将校が収容所に現れ、「日本に帰国させる」と杉原たちに告げる。一一月三日、新しい日本国憲法の公布された祖国に、である。

シベリア鉄道

ブカレストの駅で、貨物列車に繋がれた客車一両に、ソ連の兵隊とブカレストの公使館にいたメンバー一七人が乗った。シベリア鉄道の暖房はストーブ一つ。毛皮のコート、長靴、毛糸の帽子のいでたちのまま、一か月近くも汽車に揺られた。蚤《のみ》、虱《しらみ》

冬のバイカル湖のそばを走るシベリア鉄道（寿福滋氏撮影）

も湧いたままだった。皆無言だったという。彼らはウクライナ南部、黒海に面したオデッサの海辺で降ろされた。*115 杉原家の荷物はトランク三〇個だった。収容所が変わるたびに検問でカメラや写真、貴重品、書類などが取り上げられ、ロシア語の得意な杉原は一人別室に呼ばれ尋問を受ける。夫が無事に戻ってくるまで、幸子夫人は生きた心地がしなかったそうだ。三か月ほど経ったある朝、一行は列車の窓から大きな丸太を担いだ痩せた髪の黒い人影を見る。シベリアに抑留された日本人だった。ナホトカに着いた。公使館員一行は収容所に入る。その隣では鉄条網に囲まれて、日本人捕虜が強制労働をさせられていた。外交官たちには食料は十分だったので幸子夫人は妹と二人で余った食事をこっそり鉄条網越しに抑留者に渡した。彼らも引き揚げ船で日本に帰れる日を待ち続けていた。

ナホトカ

二〇一六年六月、ナホトカの郊外にある日本人墓地に行った。*116 ハバロフスクにも日本政府が建てた慰霊碑があったが、シベリアに抑留され強制労働に従事した日本人の多くが飢えと寒さと疲労で息絶えている。朝日新聞二〇一六年一〇月二九日付けの記事には「戦没者六一人の歯焼失　厚労省ロシアで遺骨収容中」という見出しで、失態を謝罪したことや、シベリア抑留で亡くなったのはモンゴルを含めて五万四四〇〇人と推計され、そのうち三万柱以上は現地に残されたまま、二〇〇三年度からＤＮＡ鑑定が始まり一〇五二人の身元が特定されていると記されている。「遺骨は母国へ帰った」という銘文は双方の地で刻まれていたが、見つけられないままの遺骨も多かったに違いない。ハバロフスクでは地面に石枠だけの墓を見た。土葬され、既にロシアの土となった同胞が確かにいた事実に息を呑む。さらに一九四五年八月のソ連による「日本人捕虜五〇万人を強制労働させる」という、スターリンが署名した決議[*117]を読むと暗澹《あんたん》たる思いがする。今更ながら、六九年前、杉原一家と言葉を交わした人たちが無事に帰れたようにと祈る。

『六千人の命のビザ』を参照する。一九四七年春、

ハバロフスクで見た日本人墓地、2016 年 6 月

ナホトカの収容所で一か月が過ぎた頃か、杉原が幸子に「着物を欲しがっている将校がいる」と言った。幸子は大切にとっておいた着物を差し出す。その数日後、一行は「日本に帰す」と告げられたという。彼らは、ナホトカの港から小さな貨物船に乗り込みウラジオストクへ向かう。二日ほどでウラジオストク港に着き一〇日間滞在し、*[118] 日本人を満載した引き揚げ船「興安丸」に乗り込んだ。その後、船は韓国、大連に寄った。

大連港

『決断・命のビザ』*[119] によると、引き揚げ船は、大連港から「恵山丸」という貨物船に変わる。二〇一七年一月一二日付けの朝日新聞に「引き揚げ名簿に杉原千畝の名」という見出しで、確かに筒井公使夫妻と杉原千畝をはじめとして家族五人の名前が載っている。「恵山丸」にはたまたま、ハルビン学院卒業生の秋元哲雄氏が通訳官として乗船勤務していた。ロシア語、ドイツ語、フランス語を巧みにあやつる三人の息子を連れた杉原千畝とその一行と親しく話を交わしたことを、秋元が新婚の妻に書き送った手紙*[120] が残っていたという。

「杉原さんとは話がはずんだ。外務省へ戻ればクビが飛ぶことは覚悟しておられ、狭い世界観に閉じ込められた古い日本より、自由と平和の新しい日本に、少しでも貢献できれば幸せですよ、とキッパリ。情報の量と質ではダントツのプロ中のプロ、素人の小生は、この硬骨漢で大先輩の前では、ただハアハアと傾聴するほかなかった次第（……）船内に溢れる引揚者達を待っているのは、生活をはじめ苦しみばかりだろう。しかし、その苦しみは、新しい日本を自分たちの手で生み出していくための、苦しみである。大先輩の話を聞きながら、そのことを改めて痛感した。引き揚げ日本人の中で、一番印象に残る人だ」と記している。

私は、四七歳の杉原が若い秋元哲雄に「自由と平和の新しい日本に少しでも貢献できれば」と話しながら、これから始まる日本での生活に向けて、心の整理をしたような気がする。船は博多港へ着いた。一九三七年フィンランドへ渡って一〇年後の一九四七年四月七日、一家は日本に帰った。

退職勧奨

杉原は帰国後、一時、妻の親戚を頼り静岡県沼津に滞在する。六月七日外務省に呼び出され、岡崎勝男*121外務次官から「例の件によって責任を問われている。省としてもかばいきれないのです」と退職勧奨を受ける。*122

杉原は晩年、「外交官秘話」として、「本件(ユダヤ避難民救済)について、私が今日まで余り語らないのは、カウナスでのビザ発給が、博愛人道精神から決行したことではあっても、暴徒に近い大群衆の請いを容れると同時にそれは、本省訓令の無視であり、従って終戦後の引き揚げ、帰国と同時に、このかどにより四七歳で依願免官となった思い出に、つながるからであります。四七歳で退官した私の、いわゆる同期の桜には八〇歳近くまでの長い年月の間、温室視されている外務省勤務を、続け得た者すらあります」と手記を残している。

確かに当時、日本は占領下にあり、外交権は停止されていた。そこに在外公館から多くの大使や書記官たちが引き揚げて来ている。外務省は大量人員整理の最中であった。終戦時は外務省調査局長だったが、占領期に終戦連絡中央事務局初代長官を務めた岡崎勝男は、一旦外務省をやめたが吉田茂に呼ばれ、翌一九四六年、第一次吉田内閣発足とともに正式に外務省に復帰し、総務局長を経て事務次官となる。また、日米開戦時にワシントン向け宣戦布告が遅れるという失態を演じた書記官と参事官は外務省をやめていたが、占領解除前後に吉田茂に呼び戻され、それぞれ事務次官に就任した。ヨーロッパもアジアも廃墟と焦土から立ち上がらねばならなかった時期、真珠湾を除けば、国土が戦場にならず繁栄を誇っていたアメリカとの関係を最重要視したからなのか、混乱期とはいえ、これらの例だけでも、矛盾に満ちた人事ではある。当時の、何としても人を減らさねばならない外務省側に立てば、杉原のカウナスでの訓令違反は、当然と思える解雇の理由だったのだろうか。

杉原はもとより「この時」を覚悟の上でビザを出したからこそ、「退職勧告」をその場で受け入れたのだと思う。極限状態の中で自分の良心を信じて決断したからこそ、生涯自ら功績を語ろうとしなかったのだろう。ただ、杉原が晩年この手記に残した、外務省への不満ともとれる言葉は、以前であれば、杉原を不満など口にしない理想のイメージに留めおきたかった私をいくらか失望させたはずである。だが、手記のみならず、後に目にすることになる杉原の書いた手紙についても、数は限られているが、きわめて率直な内容となっている。自らを飾ろうとする意図がほとんどうかがえない杉原の言葉に接するうちに、私はしだいに、彼を、普通の感情を持ち合わせ、常識をふまえた人として受け止めるようになった。だからこそ、同じ人間として、目の前のユダヤ避難民の苦しみに寄り添ったことに想いを巡らすことができるようになった。

杉原は失業した。外務省を辞めた後も、追い打ちをかけるように、外務省の同僚からユダヤ難民救済について「杉原は金をもらってやったのだから、金には困らないだろう」と噂された。[*123] さらに一一月にはリトアニアで生まれた三男晴生さんが急逝した。『決断・命のビザ』一七四頁のベルリンでの家族写真で、杉原が抱いている子供である。幸子夫人は「主人は晴生が亡くなると、すぐ家をとび出していきました。うちにはお金がなくて、葬式も出せない始末でしたから」と話している。葬儀の写真があるので費用の工面に尽力したのだと思われる。

食糧難

戦後は食料がないに等しかった。杉原らは長く日本を離れていた。まして焼野原となった占領下の母国の事情に明るいはずがない。千畝は故郷八百津の親戚を頼って食料の買い出しにやって来た。生家から米を分けてもらい担ぎだすが、すぐに警察につかまった。米を千畝に渡した現在岩井家の当主である錠衛さんの父、岩井順次さんも警察に呼ばれ説教され米を取りあげられたそうだ。また別の時にだが、北山の生家から大きな風呂敷包みを担いで山を下り八百津の町に近づいた頃か、泥棒と間違えられ警官に問いただされたこともあったらしい。私は戦後の日本が貧しかった時代をうっすらとだが覚えている。また昭和の記録映像などから食糧の買い出し、ヤミ米を担ぐ人を追う制服姿の官憲の様子などが想像できる。だが、米や食料を背負った杉原が警察につかまったり、泥棒と間違えられたりという話は初めて聞いた。幸子夫人の著書『六千人の命のビザ』には「現実の生活はたちまちのうちに困窮してきたのです。時々夫が実家のある岐阜に行き、お米を抱えてきてくれました」とあるので、ヤミ米獲得にも成功したことはあったようだ。

「千畝さんは苦労しなさったから」と、戦後の寡黙で質素だった彼を思い出し、岩井錠衛さんはしみじみと言われた。杉原にとって失意の時に違いなかった。しかし、当時、戦争で生き残った多くの日本人がそうであったように、杉原もただ自身にふりかかった定めを受け入れ、生きるために、家族を養うために奔走していた。

転職

一九四七年六月に外務省を辞めた杉原は、世界平和建設団事務局[*124]にはじまり、一九五七年四月、ＮＨＫ国際局に入るまで職を転々とした。英語を使って米軍の商業施設ＰＸでのマネージャーに、ロシア語の話せる人としてボンビ商会支配人、三輝貿易株式会社取締役、ニコライ学院ではロシア語教授に、科学技術庁情報センターではロシア語、英語、ドイツ語、フランス語などの技術文献の翻訳をこなし、ソ連向け宣伝映画の吹き込みもしたそうだ。確かに、杉原は、外務省という大きな安定した職場から離れた。はじめは苦労も多く、職に就いても任期も短く、常に新たな職探しに必死だったに違いない。『五中が育んだ杉原先輩（五中六回卒）の偉業』[*125]と題された、杉原が卒業した愛知県立第五中学校の後輩市川鴻之祐氏による寄稿文に、杉原は辛かった時「（……）海岸を散歩し鵠沼の風光の中で傷心を癒した」という鵠沼資料館所蔵のファイルの一節が記されている。だが、杉原の軌跡を辿る者としては、彼の卓越した語学力が次々に証明され、戦後の日本社会に自分の居場所を築いていく姿を見るようで秘かに誇らしく思う。

この間、一九四八年五月一四日、イスラエルが独立宣言をする。杉原はまだ消息すら知らないカウナスでの避難民たちがよりどころとする祖国を得たのである。また同じ一九四八年一一月、杉原が外交官としてヨーロッパに赴任していた一〇年間、一家の手助けをしてくれた幸子夫人の妹、節子さんが埼玉県の嫁ぎ先で亡くなっている。そして翌一九四九年一月八日、杉原家に四男伸生さんが誕生する。晴生さんを亡くした後の男の子である。喜び迎えた杉原家の人々、特に、この大切な命をもう失うまいと、胸に抱きしめたであろう杉原を想う。

二年後の一九五一年九月八日、日本はアメリカのサンフランシスコで、第二次世界大戦におけるアメリカ合衆国をはじめとする連合国諸国と、戦争状態を終結するために締結された平和条約（発効は翌年四月二八日）に調印し、この条約を批准した諸国から主権を承認された。翌日九月九日付けの朝日新聞朝刊の漫画「サザエさん」に、「講話会議」の新聞を懸命に読むサザエさんが描かれている。ずっと戦争の時代を生きて来た杉原にとっても、日本が独立を回復したことは大きなニュースだったに違いない。五一歳の杉原は職探しと生きることで精いっぱいだったのか、複雑な思いが交錯していたのか、幸子夫人の回想録にも、サンフランシスコ講和条約についての記述はない。なお、この年一一月一九日に千畝の父、杉原好水が亡くなっている。

甥の直樹さん

二〇一一年九月二五日のテレビ朝日で放送された「サンデー・フロントライン」という番

組で杉原千畝が取り上げられ、杉原を知る人の一人として千畝の甥、杉原直樹さんが出演された。直樹さんは戦後のある時期、千畝と一緒だったようだ。会って話を聞きたいと思った。しばらくして八百津の町役場を通して直樹さんと連絡が取れるようになり、二〇一三年六月と翌年四月に、当時住まわれていた愛知県春日井市のお宅を訪ね、直樹さん、加寿子さんご夫妻にお会いした。

直樹さんは、千畝の末の弟、一成《いっせい》さんの長男で、一成さんの仕事で子供の頃ハルビンで暮らした。一家でハルビンに渡る時、「千畝伯父と一緒だった」と記憶されている。一成さんは一九四四年に戦死された。直樹さんは一四歳から家長として苦労されたようだ。戦後、祖父好水さん（千畝の父）を頼り八百津に住んでいたが、千畝が仕事の都合でそこを売りに出し、直樹さんは借家住まいとなっていた。やがて、千畝は鵠沼の自宅から一〇〇メートルほど離れた場所に、自身が取締役を務める三輝貿易の直営店として小間物・化粧品・文具・運動用品を扱う雑貨店を開き、直樹さんを呼びよせた。店の名前は「ヨルカ」（ロシア語でクリスマスツリーの意味）といった。直樹さんは約三年、その店の二階に住み、昼間店番をし、夜学に通わせてもらったそうだ。英語の勉強などは千畝が教えてくれたという。この頃の千畝は、低血圧の幸子夫人に代わり、早起きして子供たちに食事をさせ、弁当を持たせ学校に送り出し、東京に商品を仕入れに行き、藤沢に戻り店を開け商品を並べ、また東京に行き三輝貿易の仕事をしていたそうだ。

雑貨店

ヨルカは上手くいったようだ。幸子さんが店のレイアウトをし、直樹さんが店番をし、杉原が商品の仕入れと売上金を管理した。幸子さんも昼間には店に顔を出した。千畝も幸子さんを「ママ」と呼んで、仲がよかったそうだ。三年ほど経った頃、直樹さんの母ヤエさんが病気になった。看病のために直樹さんは名古屋に戻った。その後代わりの人に店番を頼んだが上手く行かず店は畳まれたという。このヨルカの経営が上手くいったのは、

三輝貿易株式会社直営「ヨルカ」(杉原直樹氏提供)

杉原の働きがあってのことだが、私は直樹さんのお宅を訪ねてから、直樹さんの功績も大きかったに違いないと思うようになった。整理整頓の行き届いた家、よく手入れされた庭、そして直樹さんご夫妻の誠実な人柄に触れたからである。面差しが千畝に似ている直樹さんは、几帳面で、字も綺麗だ。どちらかというと字が上手でなかった千畝は時々代筆を頼んだそうだ。その千畝の自筆の手紙や葉書きは、直樹さんの手によってきちんとファイルされていた。直樹さんを訪ねた杉原研究者は多い。手紙類も既に公表されていると思うが、私にとっては、どれもが、杉原千畝自身の言葉で語られた人生のひとこまであり、そしてまた大切な史料である。直樹さんの許可を得て引用する。

手紙

これは、一九五八年、ＮＨＫに勤めていた頃の千畝が、義妹（直樹さんの母）ヤエさん宛てに送った手紙である。千畝の母やつの命日のひと月前に書かれている。なお、名古屋に戻った直樹さんは就職活動中だったようである。余談だが、当時私は小学校六年生、まだ我が家にテレビはなかった。残念である。

その後、ご無沙汰していますが、そちらはどうですか。御前さん始め、皆さん御変りないと念じています。当方もお蔭様で異なったこともなく、（……）。八月八日の母（やつ）の命日も近付いて来ましたから五〇〇円*126、お墓の掃除の手間のお礼を送ります。富子（直樹さんの姉）にやって下さい。それから直樹に仏壇にお線香を余計に代わって立てる様伝えてください。何か月か前に、その会社から色々直樹の事を問い合わせて来たので、直樹に都合の良いように最大級のホメ言葉で返事を出しておきました。今月一四日の夜、僕はホンの少しの間テレビに出ます。これは名古屋や大阪へも中継されますから見ていて下さい。晩の七時半から始まる「私の秘密」という番組の中の四番目か五番目に出る筈のソヴェトのサーカス団長エーデル氏の通訳を頼まれて六、七分間出るのです。では皆さん元気でやって下さい。僕も今年は五八才になったが身体はまだまだ何ともないです。

千畝　七月八日

直樹さんにとって千畝の存在はどのようなものだったのかと尋ねたことがある。「千畝伯父も、幸子伯母も、私に対しては親代わりのように優しく頼りになる存在でした」。また、千畝がリトアニアで外務省の訓令に背き、ユダヤ避難民にビザを発給した件について知っていたかを尋ねた時は、「千畝伯父が、外務省をやめさせられた経緯はなにも聞かされませんでした。命のビザの件も私が母の関係で名古屋へ引き上げてから、新聞記事で知ったことです」と聞いた。

モスクワ

一九五六年一〇月一九日日ソ国交回復に関する共同宣言が行われ、一九六〇年三月二日に「日ソ通商協定」が調印された。渡辺勝正氏の著書[*127]を参照すると、ソ連側は木材、石炭などの天然原料を輸出し、船舶、鉄道車両、生産設備などを日本から輸入することをその内容に盛り込んだ。モスクワの産業見本市は、二年前に自民党代議士が通商使節団長としてソ連を訪れた際にきっかけができたそうだ。一月一九日、日米安保条約・行政協定が調印され、安保反対運動が起き自民党内がごたごたしている折、日ソの交流は深まって行った。この「日本産業見本市」に政府は全面協力し、ソ連という大市場に日本経済の活路を見出すため、国を挙げて乗り出そうとした。大手商社をはじめとして多くの貿易会社がソ連に進出した。外務省を去って、さまざまな職業を転々としてきた杉原は、この年の夏も仕事を探して銀座の日ソ東欧貿易協会[*128]を訪ねた。事務局長の佐藤休氏は、ハルビン時代に杉原が日露協会学校で講師を務めた際の教え子だった。この佐藤氏の斡旋により、杉原は同年秋から、当時日ソ貿易の最大手だった川上貿易のモスクワ事務所長としてモスクワに単身赴任する。

一九六〇年の七月一九日に発足した池田勇人内閣では所得倍増計画が掲げられ、日本は高度成長期に入って行く。同年秋、中学二年生だった私は家庭の事情で佐賀県から千葉県へ引越した。急行の寝台車で一昼夜揺られて着いた東京駅が東海道新幹線の工事の真っただ中だったことを覚えている。

単身赴任

近頃では六五歳定年説もめずらしくない。だが一九六〇年当時では、日本人男性の六〇歳といえば、既に多くの人が定年生活に入っている。杉原はその六〇歳になってようやく、外交官を除いて、自分の能力を発揮できる適職についたとも言える。家族を養い、晩年への備えをしながら、杉原の日常は質素だったようである。当時の杉原の部下の一人で、現在は日露文化センター代表を務める川村秀氏から話を聞いた。当時ソ連駐在の日本人商社マンたちは皆単身赴任で、ホテル住まいだった。日本食が恋しくなり、自炊するにもキッチンはない。水回り、すなわち、バストイレのある洗面所を使うことになる。電気コンロで魚を焼く。便器の蓋にまな板をおいて調理する、などで工夫していたと聞いた。

杉原も例外ではなかった。一九九九年作のロバート・カーク監督による日米合作のドキュメンタリー映画『杉原千畝の決断』（*Sugihara: Conspiracy of Kindness*）に、年月日はわからないのだが、イスラエルのヘブライ大学に留学中だった杉原の四男伸生氏が日本に一時帰国する途中だったのか、モスクワに寄り、父を訪ねた時のことを語る場面がある。「父が夕食をご馳走するよと言うので、てっきりどこかのレストランに行くものと思っていたら、スーパーに連れて行かれ、食材を買って、ホテルの父の部屋のトイレで調理したので驚きました」と回想するシーンがあった。家族ならではの微笑ましいエピソードである。

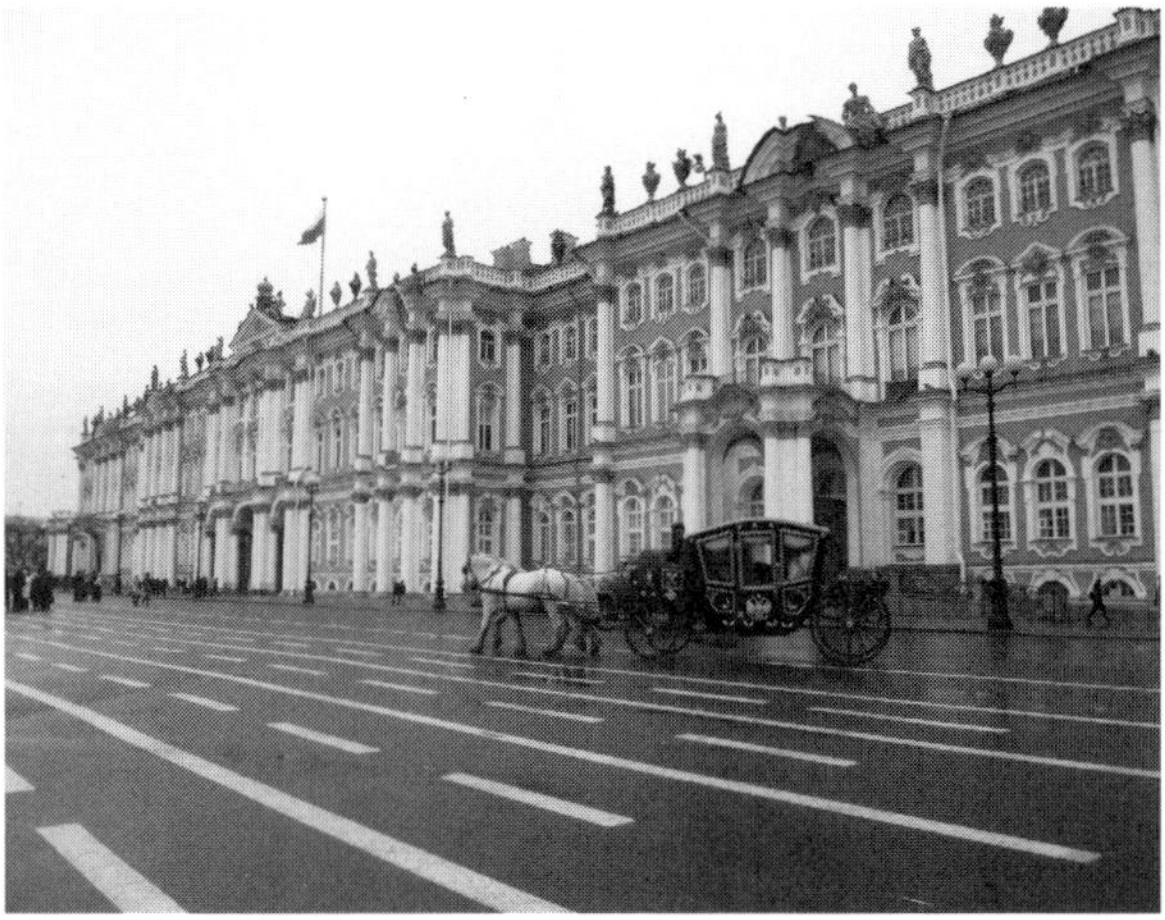

サンクトペテルブルク・エルミタージュ美術館

週末

二〇〇九年の晩秋、杉原千畝研究会で行ったリトアニアへの旅の帰途、ロシアの古都サンクトペテルブルクに寄った。その美しく豪壮な芸術の街が、モスクワから汽車で五時間の距離であると知った時、週末など杉原が来たのではないか、と思った。そのことを川村秀氏に手紙で尋ねた。川村さんはサンクトペテルブルクへは現在も仕事でよく行かれるという。いただいた返事を引用する。

六月二四日頃が白夜のピークで、今頃すでに一晩中明るい季節です。本当に美しい街で、会社の事務所がネヴァ河のほとりにあるため、一月は零下二三度で、完全に凍ったネヴァ河を生まれて初めて見ましたし、三月下旬に訪問した時は、事務所の前まで半分融けた景色を見ることが出来ました。今ではモ

エカテリーナ宮殿の舞踏の間

スクワよりも近しい街になりました。

杉原さんは、ソ連時代、外国人が他都市へ自由には行けない頃でしたが、週末ときどき、申請せずに汽車に乗ってレニングラード（現在サンクトペテルブルク）へ行かれていました。私が心配して「申請せずに大丈夫ですか？」ときくと、ちょっと微笑んで「大丈夫さ」と言われたのを覚えて居ります。杉原さんがユダヤ難民を救ったので、特別待遇を受けておられたのか、あるいは本当に「違法旅行」をされていたのかは不明です。まあ外見はロシア人と変わらず目立たなかったし、当時は平和で、身分証明書（旅券）の提示を求められることは自動車道路の検問所以外では殆んどありませんでしたから、本当に「無届け旅行」をされていたのかも知れません。

私は、杉原に週末を楽しむゆとりのあったことを嬉しく思う。

まだ続くエピソード

また、川村さんからビジネスマンとしての杉原の通勤に関する話もうかがった。

一九六九年に川上貿易がソ連外国貿易省の正式認可を得た後はニッサンセドリックをフィンランドから輸入し、所長用として乗られるようになりましたが、それ以前の所長車は重いソ連製の「VOLGA」だったからか、車好きと言われながら、一度も運転されず、お住まいにされていた都心のゴリキー通りのミンスク・ホテルから事務所のあったウクライナ・ホテルまで、片道一時間位かかるところを、往復とも徒歩通勤で通されたことは全くすごいと思いました。六七〜六九歳の時期ですから、健康法とはいえ偉いことです。

この、杉原の徒歩通勤の話で、私は彼の中学時代を思い起こした。杉原は当時住まいのあった名古屋市中区の古渡から瑞穂区の旧制第五中学校までの四、五キロメートルを五年間徒歩で通ったと聞いていたからである。彼にとっては、おそらく、特別なことではなく、懐かしいことだったのかもしれない。杉原はウォッカが好きだったそうだ。宴会でロシア人とさしで飲んでもロシア人が先に酔いつぶれたという。杉原が酔った醜態をさらしたことは一度もなかった。オフィスのあるホテルの一室にグランドピアノが置いてあり、杉原は時々そのピアノを弾いていた。杉原の語学能力の高さ、仕事の仕方、対人関係、どれをとっても、身近にいた川村さんには手本に値したそうだ。若かった川村さんにとって杉原との出会いは人生の糧を得たようなものだったそうだ。

その川村さんは、杉原の仲人により、ロシア人の美しい娘エレーナさんと結婚された。まだ記憶に新しいが、自ら乳がんと闘いながら乳がん撲滅キャンペーンに身を投じ、若くして世を去った歌手の川村かおりさんの尊父である。川村秀さん自身の父親は明治時代に、現在の東京芸術大学で洋楽を学び中学で教え、母親もそろって音楽の教師だった。このように、音楽一家に育ち、少年時代は自らもボーイソプラノで鳴らし、ロシアへの憧れも一九四八年に公開されたソ連映画『シベリア物語』で歌われた男性四部合唱に魅了されたことがはじまりだったと話される川村さんは、杉原千畝の声をバスに近いバリトンと分析されている。ロシア語が美しく聞こえる声域だそうだ。私は、八百津の記念館で公開された録音の声を聞いただけで、後は体格から想像するだけで特に根拠はな

モスクワ・グリボエードフ結婚宮殿、花嫁の左後ろが杉原千畝（1970年8月5日、川村秀氏提供）

いのだが、杉原の声を深く朗々とした声と思い込んでいる一人である。川村さんの音楽的センスに裏打ちされた分析を心強く思っている。

二〇一六年現在、ジェトロ（独立行政法人日本貿易振興機構）の報告によると、モスクワでジャパン・クラブ[*129]に加盟している日本企業は一九三社である。加盟していない企業も入れると、実際にはもっと多いと思われる。杉原が川上貿易モスクワ事務所長としてモスクワに赴任したのは、「日ソ通商協定」調印後の一九六〇年だった。その夏に開催された「日本産業見本市」を契機として、日本の貿易会社が次々とソ連に進出した。それにより当時ロシア語を得意とする商社マンがモスクワに渡ったと思われる。それでも、留学生以来のハルビン在住経験があり、元外交官でソ連との交渉

同日、同式場で婚姻届に立会人として署名するワーリャさんと杉原千畝（川村秀氏提供）

経験もあり、露、英、仏、独の四か国語を駆使し、日本でも貿易会社（三輝貿易）の取締役を務めたことのある駐在員など、そうはいない。写真で見ただけだが、若い社員に交じった銀髪で堂々とした紳士、杉原は目立つ。現地の日本人から一目置かれる存在だったのではないだろうか。杉原の卒業した旧制第五中学校の後輩で、モスクワで杉原の部下だったことのある小林信氏は『五中―瑞陵百周年記念誌』（二〇〇八年五月）の中で、杉原について「ロシア人と間違うほど流暢にロシア語を話しておられた。なぜか外交官との会合をかたくなに避けておられた。当時はビザの話はまるで知らなかった」と述べている。

これらのエピソードが示すとおり、杉原がモスクワの貿易会社で働いていた一九六〇年代、日本では一九六四年一〇月一日に東海道新幹線が開通し、同月一〇日には東京でオリンピックが開催されている。当時高校三年生だった私は、会期中に級友と代々木のオリンピック競技場あたりに行ったことや、後日授業でオリンピックについての感想文を書かされたことを記憶している。今から思えば、その東京オリンピックは、第二次世界大戦で敗戦国となり、連合国による占領下から主権を回復して、わずか一二年後の出来事だった。新幹線もオリンピックも、戦後の復興の象徴として国際社会へ復帰した日本を印象づける機会になったに違いない。

祝詞露訳

渡辺勝正著『杉原千畝の悲劇　クレムリン文書は語る』に、元川上貿易モスクワ駐在員だった神馬喜久弥氏、川村秀氏、田村俊介氏による「杉原千畝の思い出」を語った「鼎談」がある。*130 ここでも、杉原は自分のことは話さないがユーモアたっぷりで優しかったという例に事欠かない。中でも、川上貿易がソ連からタンカーを受注した時の、進水式の祝詞のロシア語訳をこなした杉原の力量についてのエピソードは興味深い。既に周知のことではあるが、引用させていただく。

神馬氏が話を持ちかけている。石川島播磨の造船所で、神式で行われる起工式、進水式、引き渡し式の三回のセレモニーに列席するソ連の発注者は神主の奏上する祝詞がわからない。ロシア語のできる社員が祝詞の解説をするのだが、使い慣れない言葉で上手く伝わらず困り、ソ連側も閉口していたそうだ。ちょうど杉原千畝モスクワ事務所長が社用で帰国していた時に、駐日ソ連大使夫妻やロシア人の関係者が多数列席しての進水式があった。そこで杉原に祝詞の解説を頼んだという。

川村氏によると、祝詞が済んでヤレヤレといった顔のロシア人たちの前に杉原が登場し招待客の方に一礼すると、朗々としたロシア語で、「貴国のタンカーの完成を喜び、新たな船舶の無事進水を祝い、日本の伝統に則って儀式を行い、神にご加護を賜りますよう神事をつとめました。このタンカーはいつまでも無事故で、貴国ソ連に無限の富と祝福をもたらすよう、神に約束したセレモニーです」と解説したそうだ。ロシアの列席者たちはこのわかりやすく心のこもった説明に身を乗り出し、目を輝かせて感激し、式典は拍手喝采のなかで執り行われた。素晴らしい式典だったそうだ。

田村氏は、「杉原さんはロシア人の気質をよく理解し、相手の心理をつかむことに長けて、自然体でそういうことができる人でした」と述べている。

再会

杉原がモスクワへ赴任*131して八年が経ち、仕事の都合で帰国していた一九六八年の夏、イスラエル大使館から杉原家へ電話がかかった。一九四〇年、カウナスの日本領事館に押しかけた避難民の一人で、杉原に事情を説明した五人の代表の一人だったエホシュア・ニシュリ氏が、駐日イスラエル大使館の参事官として東京に赴任していた。あの時から二八年間、夫婦の間でさえ話題にするのを控え、また、案じながらもわからなかったカウナスでの杉原ビザ発給のその後の結果が二人に知らされたのである。彼らは東京で再会を果たした。だが、この感激の時でさえ杉原は、カウナスでは外務省の訓令に背いてビザを発給したこと、そのために外務省を辞めることになったいきさつを話していない。ただ、この再会をきっかけとして、杉原の戦時中の人道行為に対して、イスラエル側では次々に顕彰運動が展開し、その報道により、日本でも少しずつ杉原の行為が世間に知られるようになっていく。一九六八年八月二日付けの朝日新聞夕刊では、「ユダヤ人四〇〇〇人の恩人」という見出しで杉原が取り上げられ、二八年前の恩に報いたいというイスラエル官民の申し出で、四男伸生氏が給費生としてヘブライ大学に留学することが報じられた。一週間遅れで届いた新聞を読んだモスクワの事務所では、どよめきが起こる。杉原の戦時中の功績を問いただす部下たちに、杉原はただにこにこしていたそうである。

受章

翌年一九六九年九月、イスラエル政府は杉原をイスラエルに招待し、第二次世界大戦下、ナチスの迫害から逃れる六〇〇〇人ともいわれるユダヤ避難民のヨーロッパ脱出を、ビザを出して助けたことに対し、感謝の印として勲章（ダイヤモンド入りメダル）を授ける。そこで彼らは杉原のビザ発給が実は外務省の訓令違反だったこと、そのために杉原が外務省を追われたことを初めて知ったのである。以降、イスラエル政府は杉原を、自らの命の危険を冒してユダヤ人を救った異邦人に与えられる「諸国民の中の正義の人賞」授与の候補に挙げ、対象としてふさわしいか、一〇年有余にわたる裏づけ調査を進めていく。なお、杉原は、この時イスラエルで宗教大臣だったゾラフ・バルハフティク[*132]の案内でヤド・バシェム記念館を訪ね、初めて元日本陸軍中将樋口季一郎（一八八八〜一九七〇）の満州におけるユダヤ難民救済を知る。

その時の杉原の本音を綴った、晩年の手記[*133]を引用する。

ここに不思議なことがある。東京外務省は、カウナスに対してビザ拒否を命令しておきながら、満洲ではハルビン特務機関長樋口中将が、首謀者となって極東ユダヤ共和国作りを真剣に考え、その国の国民としては、ヨーロッパからの難民を利用、充当する手筈で、すでに第一回発会式にはニューヨークのユダヤ協会会長や、上海委員会会長等の有力者を招待する一方、二万人のシベリア鉄道貨車輸送を真剣に企画、且、実行していたのです。

軍人として

一九三八年三月、当時ハルビン特務機関長だった樋口季一郎は、ソ連と満州の国境に近い、ソ連側のオトポール（現在のザバイカリスク）に集まっていたユダヤ難民の窮状を知り、満州国外交部を説得し難民たちを入国させ、満鉄と交渉し貨車を手配して彼らを助けた人物として知られている。杉原の人道行為と常に並び称される人だ。ただ、樋口の場合は旧日本軍軍人の行為として見られること、救出者数などを示す資料が少ないこと、新聞の報道がないことなどから[*134]、諸説が入り混じり、詳細はわかりにくい。杉原千畝研究会代表の渡辺勝正氏は著書『真相・杉原ビザ』[*135]で紙幅を割いて検証している。渡辺氏はまた、一九三九年二月二三日の国会議事録から、この条件不備でシベリアから入満したユダヤ人総数について「シベリア経由で満州に入ったユダヤ人数は八〇余名、一〇〇名足らずであり、これを満州経由上海に送ったのは、満州国の官憲が満州国の在留を希望しなかったからだと思われる」という有田《ありた》八郎外務大臣の答弁も掲載している。

このオトポール事件の起きた一九三八年といえば、ユダヤ文化研究者の小辻節三[*136]が、当時の満鉄総裁松岡洋右[*137]に呼ばれて大連に渡った年である。既に満州では関東軍の後ろ盾を得て、陸軍大佐安江仙弘、海軍大佐犬塚惟重ら軍部のユダヤ専門家らの主導によるユダヤ人誘致計画、通称「河豚計画」推進の最中ではあった。杉原手記にある「樋口季一郎が首謀者となってユダヤ共和国作りを真剣に考え（……）」というのは、陸軍中将という樋口の階級がそう思わせたのか、あるいは「河豚計画」を知らなかった[*138]杉原の誤解である。

雑誌『ゼンボウ』[*139]を参照する。一九八六年四月、杉原の亡くなる四か月前のことだが、著者の高橋是人氏が鎌倉に住む杉原千畝を訪ねて、河豚計画を知っていたかと質問している。病人ながらも杉原は「何も知らなかった」と明解に答えたという。また、二〇〇七年四月二二日付け日本経済新聞には、一九七九年に『河豚計画』を著したユダヤ教指導者のマービン・トケイヤー師が二〇〇七年四月ロサンゼルスで講演し、「杉原氏は『河豚計画など聞いたこともない』と断言した。誠実な人なので本当だと思う」と指摘したことが記されている。

杉原にしてみれば、オトポール事件では樋口からの電話連絡だけで列車手配の指示まで出して、運賃を無料にして、[*140]ユダヤ難民救済を許可した満鉄総裁松岡洋右が、二年後の一九四〇年、今度は外務大臣として、手のひらを返したように、杉原のユダヤ人へのビザ発給を拒絶したことを思い起こしたのだ。満鉄総裁と、同盟国調印を目前にした外務大臣という松岡の立場の違いを理解はしても、である。それに、満州で「ユダヤ共和国作り」を画策した軍人たちがユダヤ難民の救済者として称えられていることを知った。案内役をしてくれた宗教大臣バルハフティクの手前、冷静を装っていたと想像するが、杉原の心境は複雑だったに違いない。

確かに、当時ユダヤ人誘致計画はあった。ただ、『近代日本のユダヤ論議』*141に「日本人はかつてユダヤ人と共存した歴史をもたず、したがって生活実感による好悪感情の発生や、直接的利害関係が惹起したことはなかったと言っていい」とあるように、ユーラシア大陸の歴史に根差す「反ユダヤ思想」に比べれば、海を隔てた日本の、あとから学習した「反ユダヤ思想」は、シベリア出兵（一九一八〜一九二二）に関わった人々が大陸から持ち帰った、底の浅いものだったのかもしれない。このユダヤ人誘致計画は一九四一年一二月八日の日本軍の真珠湾攻撃によって、アメリカからのユダヤ資本導入の道が閉ざされ、破たんしてしまう。

オトポール事件のあった一九三八年の四月一日、日本では国家総動員法が公布され、軍の権力が全てに優先される時代に入る。樋口季一郎の満州での活躍は、「河豚計画」の種が蒔かれた土壌で、ユダヤ人誘致運動が追い風となり、ハルビン特務機関長という地位がものを言って、ほぼ理想に近い形で救出が実践されたことと思われる。『人道の港　敦賀』（日本海地誌調査研究会編）に、樋口はハルビンで難民に食事と医療を施し、宿泊施設を与えて収容したと書かれている。恐怖の空気を纏《まと》いながらオトポールまで逃れて来た難民にとって、樋口の手厚い対応は戸惑う位だったかもしれない。だが、樋口は彼ら難民を利用しなかったどころか、ユダヤ人の自由意思を尊重した。難民の大多数は、中国の上海へ移住を希望し、一部は満州に定住したそうだ。樋口が恩人として感謝されるゆえんである。樋口季一郎と樋口を支えた安江仙弘の名は、エルサレムにあるユダヤ民族基金のゴールデンブック*142に刻まれているという。

外交官として

一九四〇年、カウナスでユダヤ避難民に遭遇した外交官杉原の立場は違った。彼には、機動力のある軍隊という環境はなかった。唯一の援軍とも見える五相会議で決定されたユダヤ対策条項は、「差別しない」と謳いながら、ヨーロッパ在外公館からのユダヤ人の動向監視報告の義務を負わせた面もあった。ブカレストや青島《チンタオ》から送られた「ユダヤ人は危険である」との電報*143が外務省外交史料館に残っている。カウナスで杉原は外務省に電報を打ち、ビザ発給の許可を求めたが拒否された。四〇歳だった杉原はペンを持ち、自身の職責に忠実にビザ発給を決行した。そして戦後外務省を追われた。ユダヤ人から賄賂を受け取ったという噂が飛び交い、自ら外務省との連絡を絶った。外務省も杉原の所在を探すイスラエル人にそんな人はいないと言った。二八年間、杉原は自分の決断が実を結んだのかどうかもわからなかった。だが、六八歳になって、東京で、杉原ビザで助かったという人に再会できた。そのビザで六〇〇〇人もの同士が助かったと知らされた。自分が外交官として誇りを持って成した仕事で、彼らの命が救われ、彼らの人生が進展していることを知ることができた。また、六九歳で彼らの国から感謝の勲章を受けた。その時、満州でのもう一つのユダヤ難民救出を知った。よくわからないこともあるが、確かなことは、樋口も杉原も、自らが置かれた場所で最善を尽くしている。その結果多くのユダヤ難民が助かり、彼らが心から感謝しているのだ。モスクワの事務所に戻った杉原はイスラエルでの受章について誰にも何も話さなかった。ただ土産話として「死海で泳ぐと身体が浮き袋のように、プカプカ浮くんだよ」と楽しそうに言っただけだった。*144 いつものとおり、おだやかな表情で彼は仕事に戻った。

弟への手紙

これは一九七三年一二月八日の日付で始まり、横書き便箋三枚にびっしり書かれた千畝のすぐ下の弟、乙羽さんへの手紙である。弟の健康を案じ、故郷を懐かしんでいる。「オレ」「オ前」と呼び合って育った兄弟の絆の強さを感じさせ、千畝の飾らない人柄があふれる文面である。乙羽さんの子息・村瀬米彦氏の許可を得て掲載する。

乙羽っ!

お互い随分永く音信がなかったね!

今こちらは朝の九時、今日は土曜日だが、週二日休日制だから、ウチ(といってもホテル)にいる。ソチラ日本とは時差が六時間あるから、もう同じ八日でも日本は午后三時だ。ここズーッと半月は毎日雪降りでソレコソ一面銀世界。イクラか暖かい日も三~四日おきにはあるが、今外は零下一八度。一八度というと一寸寒い方だ、素手で自動車や入口のハンドル金具を握ると、瞬間、ピリッと吸い付く。それでもオレは休みの日はスキーを車に積んで都心から二十五キロの市外の白樺の森へ滑りに出かける.勿論自分で運転している。オレの運転歴は戦前からだが余り上達してない。キカイの構造を勉強してないからだ。

オ前の身体の調子が悪かったがその後良くなったということをお秀（直樹さんの母ヤエさんの長姉――注）からの知らせを少し遅れて幸子から連絡が来たので久しぶりに手紙を書くことにした。心配になったので。その後はどうかね。お互い大分年を取ったがウチは割に永生きする家系のようだから、まだまだ大丈夫。オレもお蔭でナント云うことなく七十四才になってしまった。まだどこが悪いという事もない。仕事の関係上ソ連人相手に強い酒も呑んでいる。努めて歩くようにしている。イツ何時コロッとゆくかもしれないが、それはもう運命だ。新聞、雑誌にはアレもいけない、コレも出来ないと云っているが、ドレも信用出来ない。結局度をすごさぬこと。ドンドン歩くこと。柔軟ラジオ体操を行うこと。砂糖、メリケン粉、米、塩気を慎むようにしている。

オ前は何年前であったか、確か直樹からだったか、瑞浪で市会議員に出ていると聞いたので、ヤレヤレオソ蒔きながら、ようやく目（芽）が出たかと喜び、一層の成功を秘かに祈っていたのに、先般は一寸からだの調子が悪くなったと伝えられたのでガッカリしていたところだ。勿論、もう酒は絶対止めるがよい。止めているものと思っている。

オレは外国生活が随分長くなった。戦前も日本にいたのはホンの数えるしか無く、殆ど国外にいたが、戦後ももう、モスクワ生活は一五年になる。なまじっかロシア語が良く出来過ぎてヒイキの引き倒しでズーッと引っ張られてしまったが、愈々《いよいよ》来春（おそくとも夏の初め）には後任者の有無にかかわらず（探しているが今日までのところ無い）引き揚げようと思っている。

日経紙の最後のページの交遊抄を面白く読んでいる。読めば読むほどオレも早く日本生活に戻って昔懐かしい小学校、中学校の生き残っている旧友と往来したい（大学は例の苦しい生活をして殆ど校門の外では校友も悲しいかな無かった）と思っている。それも早く帰らないと相手の旧友は誰も待っておらず次々と欠けて行っているようだ。

出来るだけ頻繁に、八百津へも北山へも中村へも行って見たい。八百津の中で、北山の眺められるところで、百坪以内の土地を買って小さい別荘を建てたいとも思っている。中村へも行って、新木野のウラの炭坑の辺や、伊佐治浜さんの店（ウラの田んぼ池に鯉がいて、大きなホクロのあり、目の大きなオバサンが味メシ*145を作ってくれた。この店は車引きが一泊する駅宿であったようだ）、隣の猿のように赤い顔をしたオジイやオジ、その子供の松江や数馬はどうしたか、松江には終戦後一度広見の家へ訪ねて会った覚えがある。オ前の家の前の少し下の小川ではよくビンを入れて小魚を取ったが必ず脚に蛭が吸い付くので気持ちが悪かった。オ前の養家（乙羽さんは養子になられた――注）では茶釜のひしゃくでくみ上げるお茶と天井に刺してあった小さい焼魚が美味かったが蝗《いなご》のつくだ煮だけは食べるには食べたが余りいただけなかった。オ前のウチの土間には昔、アカと名のついた雑種の小犬がいた。前の大川を浅瀬を歩いて古屋敷へウドンを買いに行ったことも覚えている。是非ソレラの箇所をまた歩いてみたい。六〇年も前の様に。北山についても沢山の思い出がある。母の里だもの。唯訪ねて行っても昔の話しの分かるのはシキ（和知かどこかにいるかな）位で、却って淋しい印象を受けて山を去るのがセイゼイかな。八百津の山々がトテモ懐かしくなった。

（……）

このページの半ば下の方は一〇日に書いた。気温零下二三度（日中）。元気でいてくれ、来年は帰る。お秀は善い人物だ。大事にしてやってくれ。

一二月一〇日　モスクワ　千畝

帰国

杉原は七五歳で帰国した。直樹さんに頼んでおいた手配どおり、幸子夫人とともに、親戚一同を八百津の蘇水峡に近い料理旅館「いこい」に招待し帰国挨拶をした。そういえば、遡って一九三二年、杉原は満州外交部へ転勤する前にも、前妻のクラウディアさん母子を伴って帰郷し、親戚一同船に乗り木曽川遊覧を楽しんだこともあった。杉原は血縁、地縁を一番に考えていた。そういう意味では彼は「土着の人」のようだった。海外生活が長かったにもかかわらず、または、長かったからこそ地上のあらゆる人々に共通する日々の営みを大切に考えていたからか、杉原を想う時、なぜか陽だまりの土のにおいがしてくる。彼を生み育んだ風土が尊いものに感じられる。

杉原夫妻はその夜、「いこい」に泊まった。翌日は、直樹さんの車で八百津の思い出の地を訪ね、また名古屋では母校の旧制第五中学校のあった瑞穂区の辺りを回った。形《かたち》は消えてしまったが、千畝にとって五中は英語を懸命に勉強し、将来の仕事にしたいと決めた学校だった。そして英語に始まり、ロシア語、ドイツ語、フランス語と、千畝のたゆまぬ努力によって語学の才能を花開かせていった。千畝の人生で初めて外国語を学び、マスターする喜びを教えてくれた学校だった。直樹さんの車から往時の面影を探したに違いない。感慨深げだったそうだ。千畝夫妻はその夜、当時春日井市の高台の住宅地にあった直樹さん宅に泊まり、翌日名古屋駅から新幹線で帰ったと聞いた。

晩年

杉原夫妻は一九八〇年三月鵠沼から鎌倉に転居した。八〇歳になった杉原は家庭でどのように過ごしていたのだろう。二〇〇九年一一月八日、早稲田大学で行われたパネルディスカッション「杉原千畝から考える国際人」[*146]で、パネリストの一人だった千畝の長男弘樹氏（故人）の妻、杉原美智さんは、「義父は家ではごく普通のお爺ちゃまでした。優しい人でした。また、無口でしたが、外国語はできた方がいい、目的意識をもって生きてほしい、という話は記憶に残っています」と話されている。美智さんは千畝の亡き後、講演などで忙しかった幸子さんを支えられた。心臓の疾患を抱えていた杉原は口数も少なかったようだ。体調の良い時にはピアノを弾いていたそうで、最近横浜の歴史博物館で開かれた写真家・寿福滋氏の写真展[*147]では、杉原が鉛筆で書き写した「トロイカ」の楽譜などもショーケースに展示されていた。ピアノを弾きながら孫娘と一緒に歌ったのか、楽譜には日本語とロシア語の歌詞が書いてあった。

千畝は手記「外交官秘話」[*148]に、「（……）大体十年一周期毎にこの出来事（ユダヤ避難民救済）が、先ず、海外のユダヤ系マスコミ機関によって、事新しくはやし立てられ、ついでその波が我が国のマスコミ機関に及び、かくてその度毎に、この私も取材記者群の奇襲にあい、いささか迷惑にすら思えてきた次第であります。（……）唯、前述のマスコミの報道のうちには、個々の事実の描写において言い足りないか、または聞き違えている点も、いくらか散見していますので、この際本件の真相を、より詳細、明確にしておくのが、私としても、私の道義上の義務でもあると思い、今回の放映を応諾した次第であります」と書いている。

杉原が応諾したのは、一九八三年九月二九日に放映されたフジテレビの「運命を分けた一枚のビザ[*149]」で、木元教子氏による杉原夫妻のインタビューや、イスラエルの、いわゆる「杉原サバイバー」まで取材したドキュメンタリー番組である。当時私は、杉原についてまだ何も知らず、この番組も見ていなかった。二〇一四年四月一六日、杉原直樹さん宅で初めてビデオを見せていただいた。インタビュー当時八二歳だった杉原が、画面で「作り事はいけない」などと話していた。

葉書き

直樹さん宅に遺された千畝からの葉書きである。千畝は七〇代後半から心臓の具合が悪くなりはじめ、帰国後は湘南第一病院で動脈硬化の治療を受けていたと聞いた。それでも、ドキュメンタリー番組では幸子夫人と散歩のシーンなども写されており、大半は元気に暮らした様子が伝わってくる。

一九八二年四月一四日（千畝八二歳）

過ぎ去った今年の年賀状の束を整理していた時、気のついたこと乍ら、当方へ遊びにきたいとのこと、喜んで歓迎します。いつでもいらっしゃい、泊りがけで。（自炊覚悟ならば何泊でも結構。）柳子伯母（千畝の妹）も誘って見てください。私は至って元気でいます。

一九八三年四月一六日（千畝八三歳）

皆さん一同その後相変わらず健在のことと願っています。またまた、近く連休がやってくるので勤務先のやりくりなど都合つく場合、遠慮なく気軽に出て来ませんか？（……）孫や八百津の母などどうしていますか？　さて、前回、私がそちらへ寄った時、こちらの都合で浪上に会えなかったが、便りを出しておこうと思うので、同家の郵便アドレスと当方との血筋をついでの折に知らせてください。御前さんの孫はまだ女の児一人ですか？　八重お母さんを神さんが格別庇護して下さるよう願っています。私の健康は別段悪くなっていません。ズーッと毎日起きています。

一九八四年九月六日（千畝八四歳）

憎らしい猛暑も今では遠くへ去ってくれてやれやれという訳、そちらの皆さん元気のことと願っています。（……）

鎌倉市津　杉原千畝

体力が衰えはじめたのだろうか。この葉書きの宛名の文字は乱れている。これが直樹さん宛ての最後の葉書きになったそうだ。

正義の異邦人

一九八五年一月一八日、八五歳になった杉原千畝は、第二次世界大戦下でナチの迫害から逃れるユダヤ避難民に外務省の訓令に背いて日本通過ビザを発給し、大勢の避難民のヨーロッパ脱出を助けた功績により、イスラエル政府から「諸国民の中の正義の人賞」を受ける。杉原は身体の具合がすぐれなかった。代わりに幸子夫人と長男弘樹氏が出席し、イスラエル大使館で賞を受けた。

「正義の異邦人」と呼ばれる受賞者は、二〇一六年一月一日現在、杉原千畝を含め世界で二万六一二〇人である。[*150] 最多数がポーランドの六六二〇人であり、オランダ五五一六人、フランス三九二五人、ウクライナ二五四四人、ベルギー一七〇七人と続く。一〇番目はドイツで、五八七人の受賞者がいる。これらの数字から、第二次世界大戦下、迫害を受けた多くのユダヤ人が住んでいた国々に救いの手を差し伸べた人々がいたことがわかる。ヒトラーの膝下にいながら身を挺して「敵」を匿《かくま》い助けたドイツ人もいたのである。巧みに演出された集団的熱狂の渦を離れ、一人の人間として、心を奮い立たせて困窮したユダヤ人を救い出した「異邦人」の勇気に思いを馳せる時、私は居ずまいを正してしまう。

一方で、第二次世界大戦勃発から七七年経った二〇一六年の現在、今度は紛争の続く中東の国々からヨーロッパ大陸を目指して陸路や地中海を命がけで渡る難民が、未曽有の数で増え続けている。国連難民高等弁務官事務所は、紛争や迫害により避難を余儀なくされた人の数は、第二次世界大戦以降六五〇〇万人を超えたと発表した。過去において、また現在でも、世界各地で戦乱状態を招いた為政者たちに、問題解決の手段に争いを用いない智慧が足りているといえるのだろうか。

一九八五年一月一八日、この日「諸国民の中の正義の人賞」のメダルに触れたであろう杉原は、しかし、後の世で起きることを知らない。彼の名を冠した記念館ができ、記念碑が建てられ、桜公園が作られたことなど知らない。映画、ドラマ、オペラ、ミュージカル、合唱、演劇、一人芝居などで演じられたこと。講演会で話され、写真展で偲ばれ、本に書かれ、教科書に掲載され、切手もできたこと。また、阪神淡路、東日本、熊本で大震災が起きたこと。東日本へはイスラエルから通訳つき五三人の医療支援隊が駆けつけたこと。「命のビザ」がユネスコの世界記憶遺産の候補に挙がったこと。[*151] そして、杉原の祖国、日本に向けられる尊敬と慈しみのまなざしも。

一九八六年七月三一日、日本の元外交官杉原千畝は八六歳で生涯の幕を閉じた。

注

＊1　杉原幸子さんは二〇〇八年一〇月八日に九四歳で亡くなられた。
＊2　二〇一五年一一月二三日に行われた、東京都麻布区民センターコミュニティ・カレッジでのスピーチより
＊3　二〇〇九年一二月八日付け朝日新聞「ひと」欄より
＊4　一九八九年八月二三日、ソ連によるバルト三国併合を認めた独ソ不可侵条約秘密議定書締結五〇周年を期して行われ、三国が歴史的運命を共有していることを国際社会に訴えた。
＊5　二〇一六年六月、杉原千畝研究会主催の「杉原千畝の足跡を訪ねる旅　シベリア」に参加した。
＊6　ウラジオストク極東連邦大学の旧キャンパスのそばに、一九一二年に与謝野晶子がパリに行った夫鉄幹を追う旅に出て、ウラジオストクに寄った時の詩が刻まれた石碑がある。
＊7　奥島氏は第六代全国高校野球連盟会長（二〇〇六〜二〇一五年）であり、自身が育たれたボーイスカウト日本連盟理事長でもある。
＊8　杉原千畝研究会編『せんぽ』（研究会会員誌）創刊号、大正出版、二〇一二年
＊9　同国のもう一つのヴィリニュス大学とは一九九六年に交換留学協定校となる。この時はヴィータウタス・マグヌス大学。

＊10 『早稲田学報』二〇〇一年一二月号掲載の、橋本稔氏（東京アソーシエイツ株式会社社長）の寄稿による。

＊11 リトアニア、ヴィリニュス在住の岸田麻里亜さんが二〇一三年の満開の桜を撮影した。

＊12 戸籍簿では、杉原千畝の出生地は父好水が届けを出した当時の住所の「武儀郡上有知町八九〇番戸」となっているが、千畝の母やつは里方で出産した、という通説どおり八百津とした。

＊13 八百津町教育委員会所蔵、一九七六年一〇月

＊14 尾張藩の農政家樋口好古が一七九二～一八二二年にわたって記した、美濃国などの藩領を巡検した記録。

＊15 『東海大学短期大学紀要』四六号掲載の北濱幹士氏の研究による。

＊16 渡辺勝正著『真相・杉原ビザ』大正出版、二〇〇〇年

＊17 一八七一（明治四）年

＊18 脇田晴子・林玲子・永原和子編『日本女性史』吉川弘文館、二〇〇〇年

＊19 本書では、前篇最後の頁に杉原千畝の肖像写真を使用したが、諸般の事情により杉原家御身内の写真の掲載は控えた。

＊20 杉原千畝が一九一二年に卒業した平和小学校の校庭に、二〇〇〇年一一月「ちうねチャイム」が設立された。千畝氏の命の尊さ、人を思いやる心を大切にしたいとの思いから、朝八時一五分にチャイムの

音が響いている。

＊21　『決断・命のビザ』杉原幸子監修、渡辺勝正編著、大正出版、一九九六年
＊22　渡辺勝正『真相・杉原ビザ』大正出版、二〇〇〇年／『決断・命のビザ』杉原幸子監修、渡辺勝正編著、大正出版、一九九六年
＊23　同書より
＊24　『受験と学生』研究社、一九二〇年四月号
＊25　朝日新聞、二〇一六年一一月五日
＊26　「合格談」より
＊27　『決断・命のビザ』杉原幸子監修、渡辺勝正編著、大正出版、一九九六年
＊28　二〇一一年早稲田大学入学案内より
＊29　豊田徳子「戦前期日本の私学における中等教員養成とその意義――早稲田大学を事例として」『名古屋大学大学文書資料室紀要』二〇一〇年
＊30　『早稲田奉仕園百年の歩み　一九〇八〜二〇〇八』財団法人早稲田奉仕園、二〇〇八年。ここでは「協会」でなく「教会」と書かれている。
＊31　『早稲田奉仕園百年史』による。
＊32　ウィラー夫人は息子の通ったニュージャージー州フォト・リーのミドル・スクールでバイリンガル・

クラスの教師をされていた。

＊33 『合格談』より

＊34 中国新幹線「和諧号《わかい》」

＊35 劉婧「日本人旅行記からみる二〇世紀前期の大連航路」を参照。

＊36 芳地隆之『満洲の情報基地ハルビン学院』新潮社、二〇一〇年

＊37 同書より

＊38 『満洲支那交通便覧』の一九一九年の航路の運賃は、大連・神戸間二等で三〇円。ちなみに一等は四二円、三等は一四円。

＊39 週刊朝日編『値段史年表 明治・大正・昭和』朝日新聞社、一九八九年を参照。

＊40 杉原幸子『六千人の命のビザ』大正出版

＊41 千畝の甥で愛知県在住の杉原直樹さん所蔵の記事による。

＊42 高崎宗司『植民地朝鮮の日本人』岩波書店、二〇〇二年

＊43 内地以外の日本の旧領土や、もと日本の勢力範囲だった近くの国である朝鮮、台湾、満州などの呼び方。

＊44 遺族が故人の供養にと葬儀を盛り上げるために雇う、葬儀で泣き叫ぶ女性のこと。数が多い程家の名誉になった。

＊45　中華人民共和国内モンゴル自治区ホロンバイル市に位置する。

＊46　諸井孝文・武村雅之『日本地震工学会論文集』Vol.14 No.4、二〇〇四年、二一～四五頁による。

＊47　一九二五年一月二〇日に日本はソ連を承認し国交を回復しており、一九三五年三月二三日、東京の外相官邸において満州、ソ連、日本の三国間で調印される。

＊48　一九一七年のロシア革命後、ロシア国外に脱出あるいは亡命した非ソビエト系の旧ロシア帝国国民を指す。

＊49　杉原千畝の四男伸生氏の「杉原千畝四男　父の思い出を語る」（動画共有サービスYouTubeより）での証言によると、杉原はクラウディアと結婚するために彼女の宗教に合わせてロシア正教の洗礼を受けたそうだ。全能の「神」の存在は認めるが、ロシア正教への信仰心からではないという。

＊50　『せんぽ』（杉原千畝研究会会員誌）第六号の渡辺勝正氏による記事、及び中日新聞社会部編『自由への逃走　杉原ビザとユダヤ人』（東京新聞出版局、一九九五年）を参照。

＊51　満州国の首都は現在の中国の長春市に置かれ、日本の敗戦まで新京と改称されていた。

＊52　八百津丸山ダム下流の景勝地

＊53　杉原は「留学生試験合格談」には「別段中学の教員になるつもりでもない」と書き、晩年の手記には「当時私は英語の教師になるつもりでした」と書いている。

＊54　岐阜県美濃加茂市から愛知県犬山市にかけての峡谷の別称。風景がヨーロッパ中部を流れるライン川

に似ていることから物理学者志賀重昂によって命名された。

＊55　中日新聞社会部編『自由への逃走　杉原ビザとユダヤ人』東京新聞出版局、一九九五年

＊56　大橋忠一（衆議院議員・元外務次官）「ソ連の東清鉄道買収の経緯」『日本週報』No.322、一九五五年七月

＊57　佐藤元英氏は、中央大学文学部教授及び同大学政策文化総合研究所長。

＊58　内田康哉（一八六五〜一九三六）は、一九三二年八月二五日衆議院で「国を焦土にしても満州国の権益を譲らない」と答弁する。この「焦土演説」に当時の外交評論家清沢洌は「国が焦土となるのを避けるのが外交であろう」と批判した。

＊59　一九三六年三月〜一九三七年二月在任

＊60　渡辺勝正『真相・杉原ビザ』大正出版、二〇〇〇年

＊61　笠井書簡、外交部同人会（旧満州外交部関係者の会）野中清次蔵

＊62　橋本欣五郎（一八九〇〜一九五七）は陸軍軍人。陸軍士官学校二三期及び陸軍大学校卒業、参謀本部や関東軍に籍を置いた。

＊63　渡辺勝正『真相・杉原ビザ』（大正出版、二〇〇〇年）によると、メモは一九七九年夏に書かれたものである。

＊64　渡辺勝正『真相・杉原ビザ』大正出版、二〇〇〇年

＊65　市川鴻之祐氏による寄稿文「五中が育んだ杉原先輩の偉業」（『五中―瑞陵百周年記念誌』二〇〇八年五月一日発行）より

＊66　二〇一三年五月、杉原千畝研究会の主催する「杉原千畝の足跡を訪ねる旅　旧満州」への旅に参加し、ハルビン、長春、瀋陽、そして大連を訪ねた。

＊67　有田八郎は、廣田弘毅内閣の外務大臣。

＊68　渡辺勝正『真相・杉原ビザ』大正出版、二〇〇〇年

＊69　二・二六事件（一九三六年二月二六〜二九日）は、東京で国家改造を目指す陸軍青年将校が陸軍部隊を率いて試みた反乱。高橋是清蔵相、斉藤実内大臣らが殺害された。

＊70　『決断・命のビザ』杉原幸子監修、渡辺勝正編著、大正出版、一九九六年

＊71　Asia Japan Jounal 11 平成二七年度アジア・日本センター紀要、河崎俊子・土佐昌樹・竹村英二編、国士舘大学アジア・日本研究センター、二〇一六年）

＊72　渡辺勝正『真相・杉原ビザ』大正出版、二〇〇〇年

＊73　一九三七年七月七日、日本は北京郊外の盧溝橋付近での発砲事件をきっかけに中国と戦闘状態に入る。この後、日本軍は南京をはじめ中国の主要都市を次々に攻略していく。

＊74　渡辺勝正『真相・杉原ビザ』大正出版、二〇〇〇年

＊75　廣田弘毅は一九三七年六月〜一九三八年五月まで着任。

＊76　杉原幸子監修、渡辺勝正編著、大正出版、一九九六年
＊77　ジョン・ストウシンガー『なぜ国々は戦争をするのか』上巻、比較戦争史研究会訳、国書刊行会、二〇一五年
＊78　ウイリアム・シャイラー『第三帝国の終わり――続ベルリン日記』大島かおり訳、筑摩書房、一九八七年
＊79　五〇年後の一九八九年八月、ソ連政府はこの秘密議定書の存在を認める。これがバルト三国の独立に繫がって行く。
＊80　東京アソーシエイツ代表取締役橋本稔氏、ヴィタウタスマグナス大学客員教授藤田慶喜氏の話によると、慣れた人なら街の通りから徒歩二〇分ほどで着くという。
＊81　杉原千畝研究会主催の「杉原千畝の足跡を訪ねる」旅に参加した際に実見した。
＊82　リンゴの幹回りから推測すると、幹の直径は五〇センチほどと思われる。
＊83　『決断・命のビザ』杉原幸子監修、渡辺勝正編著、大正出版、一九九六年
＊84　二〇一一年五月、杉原千畝研究会主催の旅に参加した。
＊85　ヤニック・エネル『ユダヤ人大虐殺の証人ヤン・カルスキ』飛幡祐規訳、河出書房新書、二〇一五年
＊86　滋賀県在住の美術、文化財の写真家。二〇一一年滋賀県文化賞を受賞。ＪＲ東海の京都誘客キャンペーン「そうだ京都、行こう。」シリーズの平等院鳳凰堂のポスター（二〇〇三年）は寿福氏の作品である

（横浜市歴史博物館 News より）。

＊87 一九四〇年七月二七日の南進政策決定による。

＊88 一九三八年一二月六日、内閣総理大臣、陸軍大臣、海軍大臣、大蔵大臣、外務大臣で「ユダヤ人対策要綱」を決定した。

＊89 一九三八年一二月六日の五相会議で「ユダヤ人対策要綱」は決定された。

＊90 『決断・命のビザ』杉原幸子監修、渡辺勝正編著、大正出版、一九九六年

＊91 中日新聞社会部編『自由への逃走　杉原ビザとユダヤ人』東京新聞出版局、一九九五年

＊92 杉原幸子『六千人の命のビザ』大正出版、一九九九年

＊93 『決断・命のビザ』杉原幸子監修、渡辺勝正編著、大正出版、一九九六年

＊94 『JTB一〇〇年の歩み』による。

＊95 日独伊防共協定は一九三七年一一月六日に調印された。

＊96 ウイリアム・シャイラー『第三帝国の終わり――続ベルリン日記』大島かおり訳、筑摩書房

＊97 ジョン・ストウシンガー『なぜ国々は戦争をするのか』（原題 Why Nations Go to War）比較戦争史研究会訳、国書刊行会、二〇一五年

＊98 杉原幸子『六千人の命のビザ』大正出版、一九九九年

＊99 渡辺勝正『杉原千畝の悲劇　クレムリン文書は語る』大正出版、二〇〇六年

＊100　ジョン・ストウシンガー『なぜ国々は戦争をするのか』比較戦争史研究会訳、国書刊行会、二〇一五年

＊101　「杉原露文書簡」ポーランド軍事博物館蔵、一九六七年記（『杉原千畝の悲劇　クレムリン文書は語る』一一三頁所収）

＊102　ジョン・ストウシンガー『なぜ国々は戦争をするのか』比較戦争史研究会訳、国書刊行会、二〇一五年

＊103　戦陣での訓戒をさす。一九四一年一月八日陸軍大臣東条英機が示達した訓令。「生きて虜囚《りょしゅう》の辱《はずかし》めを受けず」が特に知られている。

＊104　一九四三年一〇月一日公布の「在学徴集延期臨時特例法」により、文部省学校報国団本部主催、東条英機首相、岡部長景文相らが出席し、一〇月二一日雨の中で学徒出陣壮行会が開催され、関東地方を中心とする七万人の学徒を送り出した。

＊105　杉原千畝研究会主催の旅に参加した。

＊106　大迫辰雄「ユダヤ人海上輸送の回想録」（冊子『〝命のビザ〟を繋いだもうひとつの物語～ユダヤ人避難を支えたＪＴＢの役割～』高橋広行氏（株式会社ジェイティービー代表取締役社長）発行）による。

＊107　『命のビザ』支えた歴史　旅行公社、ユダヤ人の渡米助ける」朝日新聞、二〇〇二年六月七日

＊108　二〇一六年六月七～一二日に行われた。

＊109　ＧＰＵ（国家政治保安部）は、一九五三年スターリンの死後廃止され、後にＫＧＢ（ソ連国家保安委員会）として復活する。

＊110　一九三四年、日産コンツェルン創始者の鮎川義介が「ドイツ系ユダヤ人五万人の満州移住計画について」という論文を発表し、陸軍の安江仙弘、海軍の犬塚惟重に立案した。後に松岡洋右も参加する。

＊111　ポーランド軍事博物館蔵、一九六七年記

＊112　中日新聞社会部編『自由への逃走　杉原ビザとユダヤ人』東京新聞出版局、一九九五年

＊113　一九四〇年九月、杉原はカウナスで日本通過ビザを大量発給した後、領事館を閉じベルリンに行った。そこで数日滞在し、プラハへ異動の辞令を受ける。

＊114　谷正之（一八八九〜一九六二）は、東条英機内閣の外務大臣。

＊115　Asia Japan Jounal 11（二〇一六年）に掲載されたイリヤ・アルトマン氏による論文「ロシアおよび海外公文書館における『正義の人』杉原千畝に関する新たな文書の発見——国際協力の経験と展望」によると、杉原一行一七名は一九四六年一一月二五日にオデッサに到着し、一二月一一日にナホトカに向け出発した記録があるという。

＊116　杉原千畝研究会主催の旅行の際に訪れた。

＊117　アレクセイ・A・キリチェンコ『知られざる日露の二百年』名越陽子訳　川村秀編、現代思潮新社、二〇一三年

＊118　イリヤ・アルトマン、前掲論文より

＊119　杉原幸子監修、渡辺勝正編著、大正出版、一九九六年

＊120 『引揚船からの手紙　秋元哲雄遺稿集』（秋元豊子編、一九九五年）より

＊121 岡崎勝男は一八九七年生まれ、一九六五年没。

＊122 杉原幸子『六千人の命のビザ』大正出版、一九九九年

＊123 これについては、前篇「希望の声」に書いたとおり、杉原千畝研究会代表の渡辺勝正氏がイスラエルに行き、時の宗教大臣ゾラフ・バルハフティク氏に会見し、杉原がユダヤ人から金銭を受けとった事実はないとの証言を得た。

＊124 杉原幸子『六千人の命のビザ』大正出版、一九九九年

＊125 『五中―瑞陵百周年記念誌』五中―瑞陵百周年事業委員会発行、二〇〇八年五月

＊126 『数字でみる日本の一〇〇年』（国勢社、二〇〇〇年）によると、一九五八年東京区部で映画観覧料が一回一〇九円となっている。映画鑑賞五回分に匹敵する金額と思われる。

＊127 渡辺勝正『杉原千畝の悲劇　クレムリン文書は語る』大正出版、二〇〇六年

＊128 日露歴史を記録する会編『記憶のなかの日露関係　日露オーラルヒストリー』（竹内淳夫発行、彩流社、二〇一七年）佐藤休《やすむ》（一九〇八―二〇〇三）へのインタビューより。

＊129 ジャパン・クラブは、在モスクワ日本商工会とモスクワ日本人会が統合して発足した任意団体（二〇一六年四月時点日本貿易振興機構による）。

＊130 大正出版、二〇〇六年、一六〇頁

＊131　杉原幸子『六千人の命のビザ』大正出版、一九九九年

＊132　ゾラフ・バルハフティクは、カウナスで杉原ビザを受け取った避難民の代表の一人だった。

＊133　『決断・命のビザ』（杉原幸子監修、渡辺勝正編著、大正出版、一九九六年）による。

＊134　宮澤正典『近代日本のユダヤ論議』思文閣出版、一六五頁

＊135　「樋口ルートとユダヤ難民」『真相・杉原ビザ』一九八〜二二〇頁

＊136　小辻節三は一九四〇年に神戸で、杉原ビザで日本に来たユダヤ避難民の日本滞在期間延長に尽力する。

＊137　松岡洋右は一九三五年八月から一九三九年三月まで満鉄総裁を務めた。

＊138　渡辺勝正編著『決断・命のビザ』大正出版、一九九六年

＊139　高橋是人「勇者は多くを語らず」『ゼンボウ』（連載第三回）一九八六年九月号

＊140　山田純大『命のビザを繋いだ男』ＮＨＫ出版

＊141　宮澤正典著、思文閣出版、二〇一五年

＊142　渡辺勝正『真相・杉原ビザ』大正出版、二〇〇〇年

＊143　一九四一年六月七日発ブカレストの筒井公使より。一九四一年一二月六日発青島《チンタオ》の高岡総領事より。

＊144　渡辺勝正『杉原千畝の悲劇　クレムリン文書は語る』大正出版、二〇〇六年より

＊145　味メシとは、チャーハンのこと。

＊146　千畝ブリッジングプロジェクト（早稲田大学平山郁夫記念ボランティアセンター公認団体）主催

＊147 「杉原千畝と命のビザ　シベリアを越えて」展、横浜市歴史博物館、二〇一六年九月二四日〜一一月二七日

＊148 『決断・命のビザ』杉原幸子監修、渡辺勝正編著、大正出版、一九九六年

＊149 杉原幸子『六千人の命のビザ』大正出版、一九九三年

＊150 ヤド・ヴァシェム（ナチス・ドイツによるユダヤ人大虐殺の犠牲者を追悼するために一九五三年に建てられたイスラエルの国立記念館）の統計による。二〇〇八年では二万二二一一人だった。

＊151 二〇一七年一〇月三一日、ユネスコは杉原リストの登録を見送る。

【著者】小谷野裕子（こやの・ゆうこ）

一九四六年中国大連生まれ。

一九六七年京都女子大学短期大学部英文科卒業。

夫の留学と駐在に伴い、一九七四年から一九七五年、一九八五年から一九九〇年にかけて家族でアメリカに住む。

著書に英文エッセイ集 *From a town on the Hudson*（一九九六年、タトル社）、*From the Country of Kimonos*（二〇〇六年、春風社）及びその日本語版として『金色の瞑想——もうひとつの日本・こころの旅』（二〇〇八年、春風社）がある。

素描《そびょう》・杉原千畝《すぎはらちうね》

二〇一七年三月三〇日 初版発行
二〇一八年四月一八日 二版発行

著者 小谷野裕子 こやのゆうこ

発行者 三浦衛
発行所 春風社 Shumpusha Publishing Co.,Ltd.
横浜市西区紅葉ヶ丘五三 横浜市教育会館三階
〈電話〉〇四五・二六一・三一六八 〈FAX〉〇四五・二六一・三一六九
〈振替〉〇〇二〇〇・一・三七五二四
http://www.shumpu.com ☒ info@shumpu.com

装丁 長田年伸
ジャケット写真 寿福滋
印刷・製本 シナノ書籍印刷株式会社

乱丁・落丁本は送料小社負担でお取り替えいたします。

ISBN 978-4-86110-528-9 C0023 ¥1800E